\こがねちゃんと出かけよう！/

いずみ歴史さんぽ

第二版
和泉市教育委員会

―――――― この本のみかた ――――――

第Ⅰ部は、現在の和泉市域（いずみしいき）における歴史を、地理的な広がりとあわせて分かりやすく説明しています。時代によって、開発の中心地や人びとの移動のあり方が変化していることが分かります。

第Ⅱ部は、市域を5つの地域（ちいき）に分けて、それぞれの地域の歴史を説明しています。5つの地域は小学校や中学校の校区と重なります。校区に残された文化財を探（さが）してみましょう。

第Ⅲ部は、学校の歴史や聞き取りから、身近なところにある歴史を学ぶポイントを示しています。

この本で取り上げた、和泉市域の有形・無形の文化財、そして昔話や伝説は、今に残されたもののごく一部です。この本以外にも、和泉市に関する本がたくさんあります。図書館や博物館などで調べてみましょう。

よろしくね

JN207973

この本のナビゲーター
和泉黄金塚古墳から生まれた古墳の妖精
和泉こがねちゃん

刊行にあたって

　和泉市は、かつてこの地に和泉国の国府が置かれたことをもって、その市名としています。しかし、その遥か以前から、この地には人びとの生活がありました。弥生時代の大規模集落跡 池上曽根遺跡が、その一端を示すことは、広く知られるところです。

　以来、この和泉の地で長きにわたり人びとは営みを続けてきました。その中でこれまで培われてきた伝統的な産業を継承すべく、あるいは、新しい産業を興すべく、多くの人びとが努力を重ねられ、和泉市の新たな歴史を築いていこうとされています。その前提には、本書で明らかにされるような、長い歴史の蓄積がありました。

　さて、和泉市では「和泉市輝く子どもを育む教育のまち条例」を制定しました。この条例では、豊かな自然に恵まれ、歴史と伝統や文化薫る郷土和泉を愛する心を持って、これまで先人たちが築いてきた礎をもとに、「豊かな心と確かな学力、たくましく生きるための健康・体力を身に付けた輝く子どもを育む教育のまち和泉市」の実現をめざしています。

　本書は、和泉市の歴史と文化財を分かりやすく紹介しています。小中学生をはじめ、広く市民の皆さまが本書をひもとかれ、和泉市の歴史や伝統、文化に触れ、地域への愛着を深められるとともに、和泉市の未来を展望されることを願ってやみません。

令和4年（2022）12月

和泉市長　辻　宏康

本書を読まれる皆さまへ

　和泉市教育委員会では、平成8年（1996）から、地域に残る多様な文化財を地道に調査・研究・保存し、その成果を『和泉市の歴史』シリーズとして発表してきました。本シリーズは、専門の研究者が執筆した、全国的にみても、優れた図書となっています。

　一方、市内の小学校や中学校では、地域学習において、小学校3年生社会『わたしたちの和泉市』や中学校社会科『郷土の学習』（デジタル副教材）を活用しています。本書は、それらに続くものとして、『和泉市の歴史』シリーズの成果を踏まえ、小学校高学年から中学生向けに執筆し、新たに刊行するものです。この第二版では、史料の解釈を見直し、市域の現在に関する情報を改め、写真の追加やイラストの修正に努めています。

　子どもたちが、和泉市の歴史を深く学ぶことで、生涯にわたって和泉市への誇りと愛着をもつ市民になってほしいという思いを込め、多くの皆さまのご協力のもとに、本書を作成しました。社会科の学習のみならず、総合的な学習や特別活動など、あらゆる場で広く活用してください。

　また本書は、子どもたちはもちろんのこと、多くの市民にとって手に取りやすく、和泉市の歴史の豊かさをより身近に知っていただけるよう、数多くの図表、写真、イラストを掲載しています。市民の皆さまも、本書にふれることで、豊かな自然に恵まれ、歴史・伝統・文化の薫る、この郷土和泉の魅力を感じていただけるものと確信しています。

令和6年（2024）9月

和泉市教育委員会　教育長　大槻　亮志

目次

この本のみかた ……………………………………………………………………………… 1

刊行にあたって・本書を読まれる皆さまへ ………………………………………………… 2

和泉市へようこそ！

和泉市はこんなまち・和泉市の「和泉」とは？ ………………………………………… 6

和泉市の地場産業 ……………………………………………………………………………… 8

和泉市の新しい産業の拠点 …………………………………………………………………… 10

第Ⅰ部　和泉市の歴史と地理

和泉市の地形 …………………………………………………………………………………… 12

❶ 旧石器時代・縄文時代・弥生時代・古墳時代 ………………………………………… 14

❷ 飛鳥時代・奈良時代・平安時代 ………………………………………………………… 16

❸ 鎌倉時代・南北朝時代・室町時代・戦国時代 ………………………………………… 18

❹ 安土桃山時代・江戸時代 ………………………………………………………………… 20

❺ 明治維新から現在まで …………………………………………………………………… 22

　もっとくわしく❶ 和泉市の誕生 ………………………………………………………… 26

　　　　　　　　❷ 和泉市の文化財を守る ………………………………………… 28

　　　　　　　　❸ 大般若経がつなぐ地域と人びと ……………………………… 32

第Ⅱ部　5つの地域の歴史

第一章　横山と槇尾山を中心とする地域

地図（小：南横山・横山、中：槇尾） …………………………………………………… 38

❶ 市内でいちばん古い遺跡は？　―大床遺跡・仏並遺跡・横山遺跡 ………………… 40

❷ みんなでお祈りしよう！　―覚超と修善講式 ……………………………………… 42

❸ お参りする人を集めよう！　―施福寺参詣曼荼羅図に描かれた人びと ………… 44

❹ そんな神社があったのか!?　―男乃宇刀神社と八坂神社 ………………………… 48

❺ おいしいみかんを育てました　―横山のみかん栽培 …………………………… 50

　もっとくわしく❶ 施福寺の景観と遺跡 ……………………………………………… 52

　　　　　　　　❷ 炭焼きの歴史 ……………………………………………………… 54

第二章　松尾谷と松尾寺を中心とする地域

地図（小：緑ケ丘・青葉はつが野・北松尾、中：石尾、南松尾はつが野学園） …… 56

❶ 住宅地に眠る古墳　―マイ山古墳と副葬品 ………………………………………… 58

❷ 豊作への祈りと感謝　―松尾寺の歴史と信仰 ……………………………………… 60

❸ 村のリーダーと村人の約束　―唐国村にみる中世の村落 ………………………… 64

❹ お寺の山はどこまで続く？　―松尾寺の村絵図 …………………………………… 66

❺ 織物をたくさん作るぞ！　―綿織物業の発展と久保惣 …………………………… 68

　もっとくわしく❶ 和泉市久保惣記念美術館 ………………………………………… 70

　　　　　　　　❷ 春木川村・久井村山論絵図 ……………………………………… 72

第三章　池田谷を中心とする地域

地図（小：北池田・南池田・いぶき野・光明台北・光明台南、中：北池田・南池田・光明台）……… 74
❶ 古墳時代の大工場！？　　　　　　　―泉北丘陵の須恵器生産 ……… 76
❷ 大きなお寺を建てよう！　　　　　　―三つの古代寺院 ……… 78
❸ お坊さん、ため池を造る　　　　　　―箕田村の刀禰僧頼弁と大夫池 ……… 80
❹ みんなの記録を残すために　　　　　―江戸時代の庄屋と村 ……… 82
❺ 命がけの大工事　　　　　　　　　　―光明池の誕生 ……… 86
　　もっとくわしく① 谷山池と一之井用水 ……… 88
　　　　　　　　　② 和泉中央丘陵の開発 ……… 90

第四章　信太山を中心とした地域の歴史

地図（小：信太・池上・幸・鶴山台北・鶴山台南、中：信太・富秋）……… 92
❶ 発掘された巨大建物　　　　　　　　―池上曽根遺跡と復元建物 ……… 94
❷ 卑弥呼の鏡、発見か！？　　　　　　―和泉黄金塚古墳と景初三年銘鏡 ……… 98
❸ 熊野をめざして歩こう！　　　　　　―熊野街道と中世の信仰 ……… 100
❹ 信太山丘陵と人びとの生活　　　　　―信太山丘陵の絵図 ……… 102
❺ 兵隊さんの訓練場　　　　　　　　　―信太山演習場と忠霊塔 ……… 104
　　もっとくわしく① 西教寺と南王子村の歴史 ……… 106
　　　　　　　　　② 佐竹ガラスと受け継がれる技術 ……… 107
　　　　　　　　　③ 葛の葉伝説 ……… 108

第五章　府中を中心とした地域の歴史

地図（小：国府・和気・伯太・黒鳥・芦部、中：和泉・郷荘）……… 110
❶ まちの下には何がある？　　　　　　―府中遺跡・豊中遺跡・軽部池遺跡 ……… 112
❷ 古代の「県庁所在地」はどこに？　　―和泉国府跡の発掘 ……… 114
❸ 村の支配者、うらまれる　　　　　　―黒鳥村の暗号文書 ……… 116
❹ 道が交わる、人が集う　　　　　　　―府中村絵図にみる街道 ……… 118
❺ 和泉に電車がやってきた！　　　　　―鉄道の敷設と駅前の風景 ……… 120
　　もっとくわしく① 泉井上神社 五社総社の建築とその修理 ……… 124
　　　　　　　　　② 妙泉寺の歴史と信仰 ……… 126

第Ⅲ部　身近なところにある歴史

❶ 学校の歴史を調べてみよう ……… 128
❷ 学校刊行物をひらいてみよう ……… 132
❸ 聞き取りに挑戦してみよう　　　　　―鶴山台団地を事例に ……… 134
❹ 施設を見学してみよう ……… 136
❺ 和泉市内の指定文化財 ……… 140
❻ 和泉市内の主要な年中行事 ……… 142

主要な参考文献・協力一覧 ……… 143
むすび ……… 144

本書は、和泉市教育委員会教育・こども部学校教育室および和泉市小・中学校教育研究会社会科部会の協力のもと、和泉市教育委員会生涯学習部文化遺産活用課村上絢一が中心となって執筆し、文化遺産活用課が編集しました。

和泉市へようこそ！

和泉市って
どんなまち？

● 和泉市はこんなまち

　和泉市は大阪府南部に位置します。暖かく、雨や雪の少ない瀬戸内海式の気候です。東西6.9km、南北18.8kmと細長く広がっています。面積は84.98㎢で、大阪府では6番目に広い面積をもつ自治体です。令和6年（2024）7月現在、和泉市には約18万3000人が暮らしています。

　市内にはJR阪和線や泉北高速鉄道、国道26号や阪和自動車道が通っており、交通にも便利です。新しい住宅地が次つぎと開発され、大型のショッピングセンターも造られています。都会の便利さと田舎ののどかさをもつまち「トカイナカ」です。

東阪本町の上空から和泉中央駅を望む　平成23年（2011）撮影

● 和泉市の「和泉」とは？

　「和泉」という市名は、奈良時代に朝廷が定めた和泉国という区域（現在でいう都道府県）に由来します。和泉国の中心となる国衙（現在でいう都道府県庁）は、現在の和泉市府中町にあったと考えられています。現在も泉井上神社（府中町）には、「和泉国」の国名の由来とされる泉「和泉清水」があります（関連 pp.114-115）。

　奈良時代の朝廷は、全国の国・郡・郷（現在でいう都道府県から市町村にあたる区域）の地名を、好ましい漢字2文字で記すように命じました。そのため、「泉」に「和」の漢字を付けて、「和泉」と書くようになりました。和泉国はのちに泉州ともよばれるようになり、現在でも地域の愛称として親しまれています。

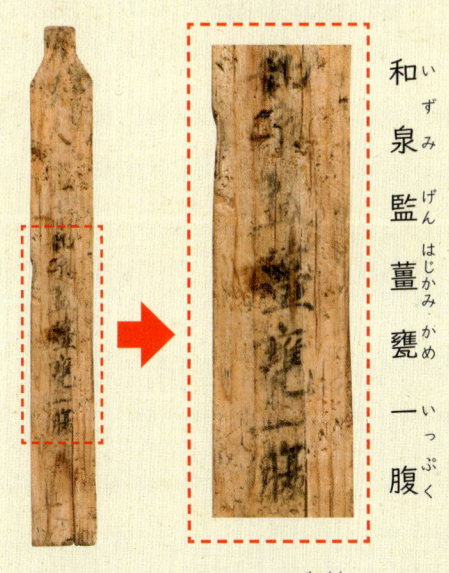

和泉監薑甕一腹

今から約1300年前に記された木簡（奈良文化財研究所所蔵）。和泉国が成立する天平宝字元年（757）より前の時代に、和泉監から平城京（奈良市）へ薑（はじかみ・しょうが）が届けられたことが記されています（関連 p.16）。

● 和泉市の地場産業

和泉市には、泉州の自然と文化に育まれた地場産業が息づいています。

いずみガラス
ガラスは、炭酸ソーダ、石粉、鉛から作られます。明治時代に、ヨーロッパのガラス加工技術が堺から池上村（池上町）に伝わり、数珠やかんざしの玉などが作られました。現在では、高度な技術によって、ガラス細工が作られるほか、ガラス細工の材料となる「ガラス生地」（色ガラス棒）が製造されています（関連 p.107）。

いずみパール
パール（真珠）は、貝の体の中で貝殻のもとになる成分が固まってできる宝石です。泉州では大正時代から、ガラス工芸で作った小さなガラス玉に、魚のうろこを原料にした塗料を付けて、パールのような色と輝きをもたせた人工の真珠が作られました。

現在、日本人造真珠硝子細貨工業組合は、泉州のガラス工芸を「いずみガラス」、泉州の人工真珠を「いずみパール」とよんで、世界に発信しています。

izumi
pearl & glass
JAPAN

和泉木綿（いずみもめん） 木綿（もめん）（コットン）は、綿花から引き出した糸で織りあげた布です。泉州では江戸時代（えど）に綿花の栽培と木綿の製造が盛んとなり、「和泉木綿」とよばれて有名になりました。現在は、泉州織物工業協同組合（せんしゅうおりものこうぎょうきょうどうくみあい）が、泉州の織物産業を盛り上げています（関連 pp. 20-23, 68-69）。

いずもくが活用された和泉市アグリセンター（下宮町（しものみやちょう））

いずもく 和泉市では、南部を中心に森林が広がっており、林業も営まれています。和泉市の森林で伐採（ばっさい）され、市内の製材所で角材や板材に加工された木材は、「いずもく」とよばれています。いずもくは、公共の施設（しせつ）や一般（いっぱん）の家屋など、様ざまな場所で使われています。

● 和泉市の新しい産業の拠点

テクノステージ和泉　平成23年（2011）撮影

　戦後の高度経済成長期まで農業と織物のまちとして発展した和泉市では、新しい産業を発展させる取り組みが続けられています。昭和60年（1985）には、コスモポリス地域開発推進機構が設立され、新しい都市の建設がめざされました。これは、平成6年（1994）に開港する関西国際空港の建設と連動する事業でした。和泉市に完成した「コスモポリス」は、現在「テクノステージ和泉」とよばれ、工業団地として様ざまな企業が拠点を置いています。

ここには、
どんな企業が
あるのかな？

地方独立行政法人　大阪産業技術研究所　和泉センター（あゆみ野2丁目）平成8年（1996）に開設。ものづくりにかかわる技術を研究し、中小企業の活動を支援しています。

第Ⅰ部　和泉市の歴史と地理

和泉市の地形
（いずみし）

　市域の南に広がる和泉山脈（いずみさんみゃく）は、約1億5000万年前の中生代白亜紀（ちゅうせいだいはくあき）に形成された地層（ちそう）でできています。

　和泉山脈から北西の方向に広がる西部丘陵（せいぶきゅうりょう）、和泉中央丘陵（いずみちゅうおうきゅうりょう）、信太山丘陵（しのだやまきゅうりょう）は、約260万年前から約1万年前までの更新世に形成された地層（洪積層（こうせきそう））でできています。丘陵の間には、松尾川（まつおがわ）と槇尾川（まきおがわ）が流れています。これらの河川を流れる水は、数十万年の時間をかけて土地をけずり、丘陵よりも標高の低い地形（沖積層（ちゅうせきそう））を作りました。

　ちなみに人類（ホモ・サピエンス）の祖先がアフリカ大陸で誕生（たんじょう）したのは約20～30万年前、市内で最も古い遺跡である大床遺跡（おおとこいせき）（大野町側川（おおのちょうそばかわ）・父鬼町（ちちおにちょう））で人類が生活していたのは約2万年前のことです（関連 p.14）。

Ⓐ 和泉市で最も標高の高い地点	Ⓑ 和泉市で最も標高の低い地点
父鬼町（ちちおにちょう）　三国山（みくにやま）　標高885m	葛の葉町三丁目（くずのはちょう）　標高3～5m

父鬼町　三国山　令和4年（2022）撮影

葛の葉町三丁目　葛の葉1号公園　令和4年（2022）撮影

みんなが住んでいる町は、どのくらいの標高かな

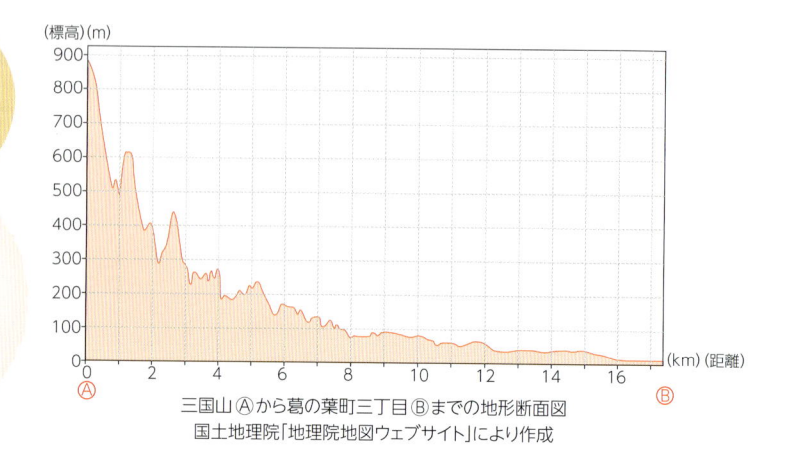

三国山Ⓐから葛の葉町三丁目Ⓑまでの地形断面図
国土地理院「地理院地図ウェブサイト」により作成

葛の葉町三丁目

大野池

信太山丘陵

平野部

和泉中央丘陵

松尾川

槇尾川

西部丘陵

丘陵地

和泉山脈

三国山

Ⓑ

Ⓐ

1Km

1 旧石器時代・縄文時代・弥生時代・古墳時代

● 旧石器時代（今から約3万8000年前〜1万6000年前）

　人びとは、石器で狩ったナウマンゾウやオオツノジカなどの大型の動物、海や川で獲れる魚や貝類、木の実などを食べていました。テントのような簡単な家に住み、季節ごとに移動していました。

　大床遺跡（大野町側川・父鬼町）や大園遺跡（和泉市葛の葉町・泉大津市末広町ほか・高石市綾園ほか）では、約2万2000年前の人びとが石器を作った跡などがみつかっています。

● 縄文時代（今から約1万6000年前〜2400年前）

　人びとは、粘土を焼いて作った土器を使い始めました。かたい木の実も、土器に入れて煮ることで、やわらかくして食べることができました。竪穴住居に住み、同じ場所にとどまって生活をしました。弓矢を使って、シカやイノシシなどの動物をつかまえていました。

　仏並遺跡（仏並町）でみつかった土器の特徴は、遠く離れた関東地方でみつかった土器の特徴と似ていることから、人びとが活発に交流していたことが分かります。万町北遺跡（万町）では、シカやイノシシの皮をはぐのに使った石のナイフがみつかりました。

● 弥生時代（今から約2400年前〜1800年前）

　人びとは、稲作を営み、米を炊いてごはんを食べるようになりました。狩りや採集で得られる食料は増えたり減ったりしますが、米はより安定して収穫し、蓄えることができました。その一方で、人と人、むらとむらの間で、貧富の差が生じ、争いも起きたようです。

　池上曽根遺跡（和泉市池上町・泉大津市曽根町）は、弥生時代としては大規模な集落の跡です。惣ヶ池遺跡（鶴山台・小野町）や観音寺山遺跡（弥生町）でみつかった集落の跡は、山の上などの標高の高い場所にあるため、高地性集落とよばれます。

● 古墳時代（今から約1800年前〜1500年前）

　各地では、人びとを治める首長（リーダー）が現れました。首長とその一族の墓は古墳とよばれます。現在の和泉市域では、和泉黄金塚古墳（上代町）や丸笠山古墳（伯太町）などが造られました。

　また、現在の和泉市・堺市・大阪狭山市に広がる泉北丘陵窯跡群（陶邑窯跡群）では、須恵器という焼き物が作られました（関連 pp. 76-77）。

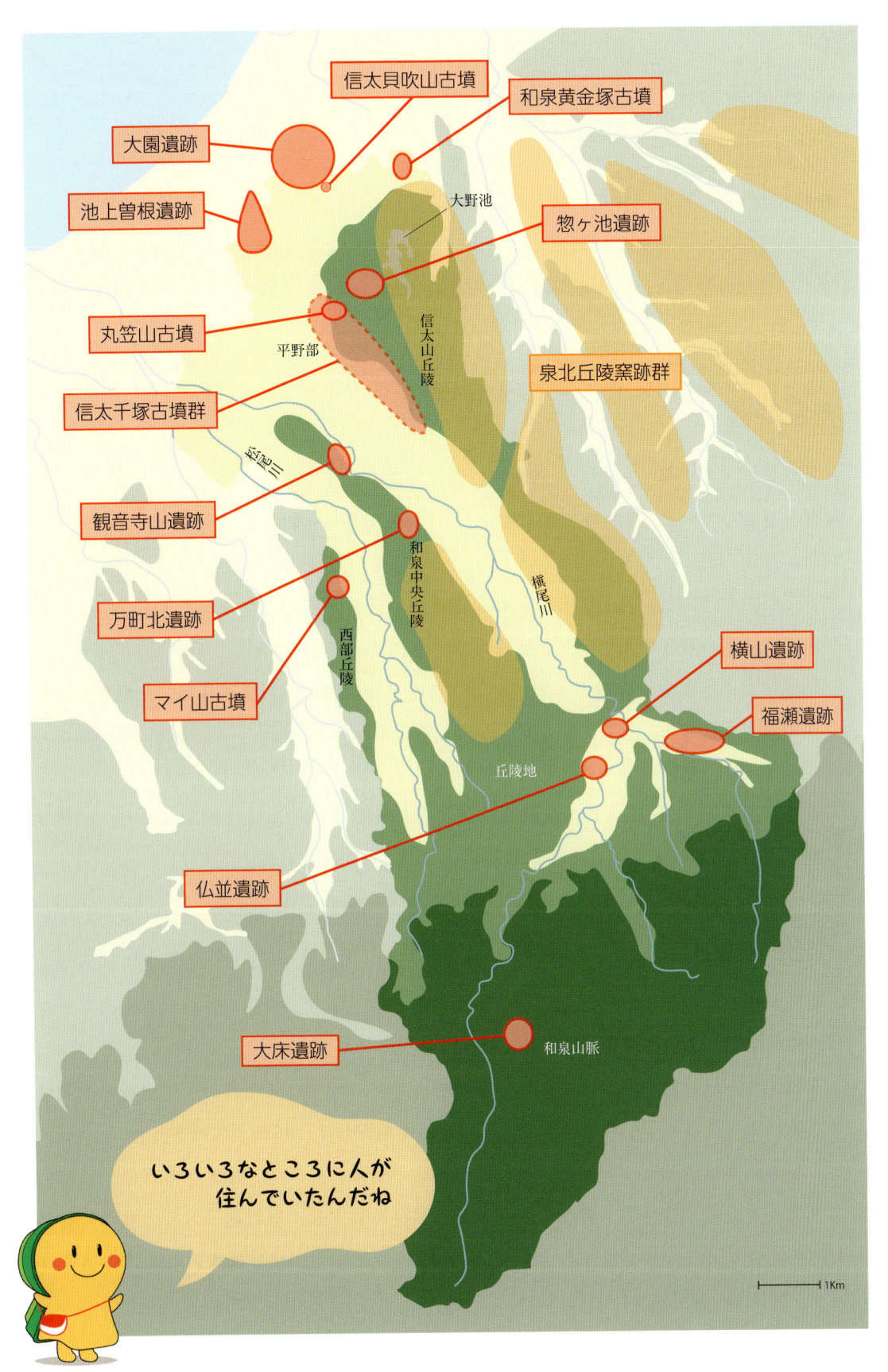

信太貝吹山古墳

和泉黄金塚古墳

大園遺跡

池上曽根遺跡

大野池

惣ヶ池遺跡

丸笠山古墳

平野部

信太山丘陵

泉北丘陵窯跡群

信太千塚古墳群

松尾川

観音寺山遺跡

和泉中央丘陵

万町北遺跡

西部丘陵

横尾川

横山遺跡

福瀬遺跡

マイ山古墳

丘陵地

仏並遺跡

大床遺跡

和泉山脈

いろいろなところに人が
住んでいたんだね

1Km

2 飛鳥時代・奈良時代・平安時代

● 飛鳥時代

　大和政権（朝廷）は、九州地方から関東地方までの豪族をしたがえ、中国大陸の隋や唐の王朝にならった、新しい国づくりを進めました。

　大和政権を支える豪族の蘇我氏が飛鳥（奈良県高市郡明日香村）に法興寺を建てたように、各地の豪族は仏教を信仰して、一族の寺院（氏寺）を建てました。市域の坂本寺（阪本町）、池田寺（池田下町）も、豪族の氏寺であったようです（関連 pp. 78-79）。

● 奈良時代

　朝廷は、天皇の離宮（都から離れた宮殿）である和泉宮を運営するため、河内国から南部を分割して和泉監という区域（現在でいう都道府県）を定めましたが、天平12年（740）には和泉監を河内国の一部に戻しました。天平宝字元年（757）には、和泉監であった地域をふたたび河内国から分割して、和泉国という区域を定めました（関連 pp. 114-115）。和泉宮には奈良時代の元正天皇と聖武天皇が訪れました。

　朝廷は全国にある平野部の土地に、1辺が1町（約109m）の区画（条里）を引き、人びとに田地を分け与え、税を納めさせました（班田収授）。和泉国では、海側の平野部から谷間の平地に、条里が引かれました。

　天平19年（747）に記された法隆寺（奈良県生駒郡斑鳩町）の記録によると、軽部池（小田町）のある軽郷には、法隆寺が支配した田畑や池があったようです。

● 平安時代

　班田収授などの律令制の仕組みがうまく機能しなくなり、貴族や寺社、各地の有力者は土地を開発して、税を集めるための荘園を設けました。

　市域では、11世紀の酒人氏や珍氏などの有力者が、現在の黒鳥町の周辺や槇尾川流域の宮里地域（黒石町・平井町・国分町）の周辺を開発して、田畑を広げました。

　このころから、天皇の位を退いた上皇や朝廷を支える貴族は、住まいの京都から和泉国を通過する道を通って、熊野三山（現在の熊野本宮大社・熊野速玉大社・熊野那智大社、和歌山県）へ参詣しました。後にこの道は、熊野街道（小栗街道）とよばれるようになりました（関連 pp. 100-101）。

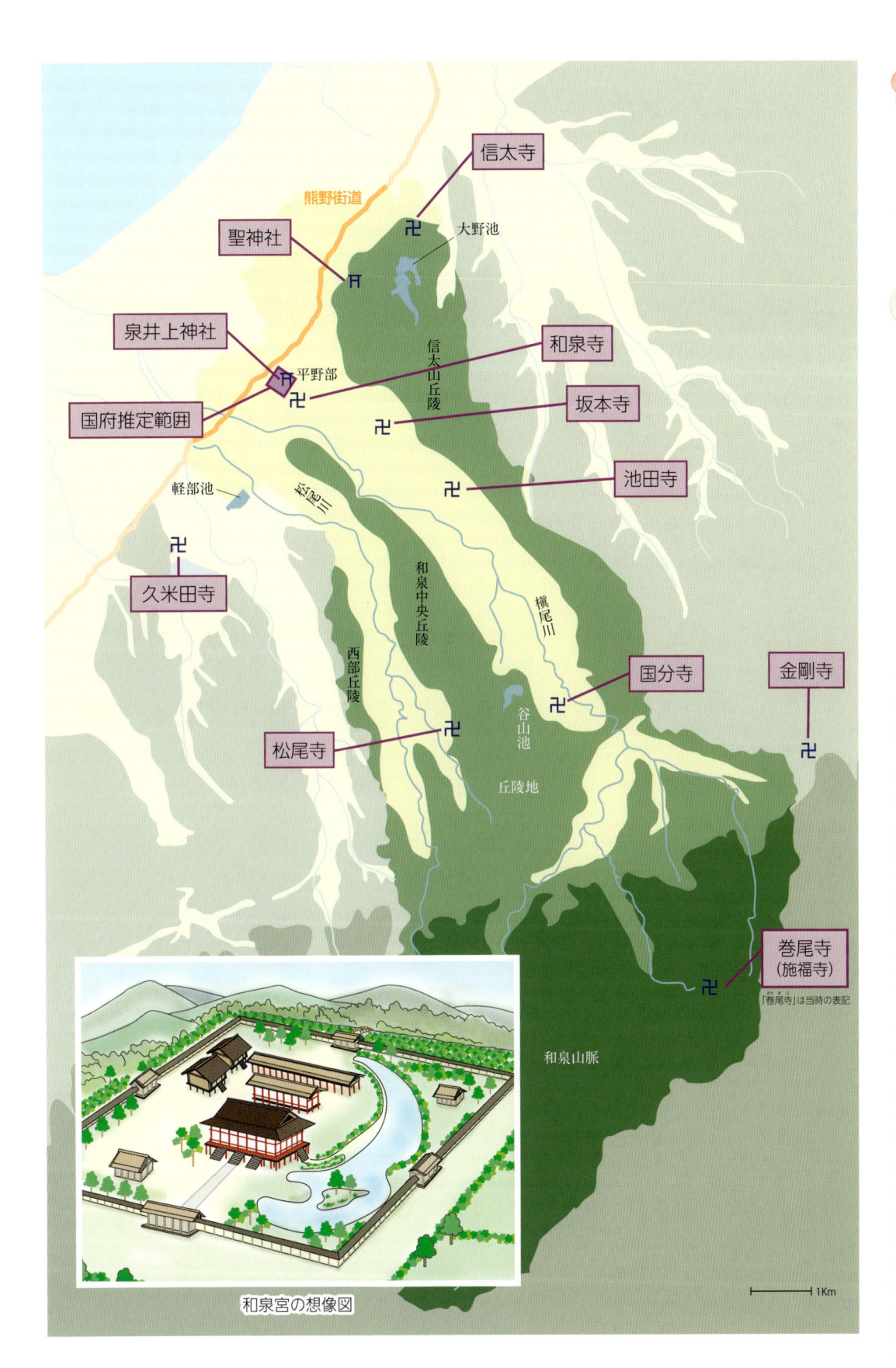

信太寺

熊野街道

聖神社

大野池

泉井上神社

和泉寺

信太山丘陵

平野部

坂本寺

国府推定範囲

池田寺

軽部池

松尾川

和泉中央丘陵

久米田寺

槇尾川

西部丘陵

国分寺

金剛寺

松尾寺

谷山池

丘陵地

巻尾寺
（施福寺）

「巻尾寺」は当時の表記

和泉山脈

和泉宮の想像図

⊢──────┤ 1Km

3 鎌倉時代・南北朝時代・室町時代・戦国時代

● 鎌倉時代

　鎌倉幕府は、荘園で地頭などをつとめる武士を、御家人として支配しました。現在の和泉市域には、上条・池田・横山・信太・箕形などの地名を名字とする御家人がいました。和気遺跡（和気町）には、この時代に建てられた武士の屋敷の跡がありました。

　人びとが生活する村のなかには、唐国村（唐国町）や黒鳥村（黒鳥町）などの、現在の町につながる村も現れました。これらの村の様子は、古文書から知ることができます（関連 pp.64-65, 116-117）。

● 南北朝時代・室町時代

　北朝に味方する武士は国府城（府中町）や宮里城（黒石町・国分町）に拠点を置き、南朝に味方する武士は槇尾山や天野山金剛寺（河内長野市）に拠点を置いて、各地で争いました。北朝を支える室町幕府は、有力な武士を各地の守護に任命しました。和泉国の守護は、細川氏が任命されました。

　このころ、黒鳥村（黒鳥町）の人びとは、酒や酢の素材となる麹を和泉国で商売する権利をもっていました。春木荘遺跡群（春木町）には、鉄の道具を作る工房を備えた集落がありました。

● 戦国時代

　全国の大名によって、領土をめぐる争いが起こりました。和泉国では細川氏が一族の争いを起こしました。

　このころには、現在の町につながる村と村の連合や対立もみられるようになりました。天正15年（1587）には、室堂村（室堂町）、三林村（三林町）、和田村（和田町）、かちや（鍛治屋町）、浦田村（浦田町）など10か村の代表者が署名して、高野山（和歌山県伊都郡高野町）の蓮明院という寺院を通じて、奥院からお米を借りる代わりに、蓮明院を信仰すると誓いました。

熊野街道

上条氏

大野池

信太山丘陵

紀州街道

信太氏

平野部

国府城

黒鳥村

観音寺城

和気遺跡

池田氏

軽部池

箕形氏

和泉中央丘陵

横尾川

唐国村

西部丘陵

宮里城

春木荘遺跡群

谷山池
梨本池
大夫池
丘陵地

横山氏

和泉山脈

1Km

めいとく
明徳3年（1392）足利義満御判御教書
（松尾寺文書）縦31.1cm×横52.0cm
室町幕府3代将軍の足利義満が、国の平和を祈るよう松尾寺に命令したもの。

春木荘遺跡群の建物跡
柱があった跡に白い線をひいて、遺跡を調査しているようす。
平成6年（1994）撮影

4 安土桃山時代・江戸時代

● 安土桃山時代

　織田信長は、永禄11年（1568）に京都をおさえ、元亀2年（1571）には経済的・軍事的に強い力をもつ天台宗の比叡山延暦寺（滋賀県大津市）を攻撃しました。天正8年（1580）には、一向宗（浄土真宗）の大坂本願寺（石山本願寺とも、大阪市）を降伏させました。現在の和泉市域では、天正9年（1581）に槙尾山と松尾寺を破壊しました。

　信長が本能寺の変で死去したあとは、豊臣秀吉が全国を統一しました。秀吉は、各地に家臣を派遣して検地（太閤検地）を行い、村が納める税（年貢）の量を定めました。和泉国では、文禄3年（1594）に行われました。

● 江戸時代前期・中期（17世紀〜18世紀前半）

　太閤検地の結果は、徳川家康が開いた江戸幕府に引き継がれました。検地によって村と村の境界が意識され、各地で村同士の争いが起きました（関連 pp.66-67, 102-103）。

　現在の和泉市域では、60余りの村がありました。これらの村は、幕府やそれを支える御三卿、あるいは各地の大名などに支配されました。このうち譜代大名の渡辺家は、伯太村（伯太町）に陣屋とよばれる政治の拠点を造り、周辺の村むらを治めました（伯太藩）。

　江戸時代には全国的に人口が増加し、沼地をうめたてたり、台地を開拓したりして、新しい田地を広げる新田開発が行われました。信太山丘陵では、伏屋新田（伏屋町）や坂本新田（東阪本町）が開発されました（関連 p.83）。

　堺や大坂（大阪）の都市部では、多くの人びとが生活するようになりました。そして、夜の照明に用いる油の原料となるアブラナの種子（菜種）や綿実、また、衣服の素材となる木綿の原料となる綿花を大量に必要としました。このような消費地である都市部の「需要」に対し、和泉国は菜種や綿花の生産地として「供給」の役割を果たしました。

● 江戸時代後期（18世紀後半〜明治維新）

　天候不順や災害などによる不作、そして商品流通の拡大は、人びとの間に貧富の差を広げました。各地では、生活に苦しむ人びとが、百姓一揆や打ちこわしを起こしました。

　天明2年（1782）には、現在の高石市・泉大津市・和泉市北部にかけて、御三卿の一橋家が支配する村むらが、百姓一揆（千原騒動）を起こしました。

　池田谷をふくむ泉州一帯では、菜種や綿実を扱う業者と農民との間での争いごとも起こりました。

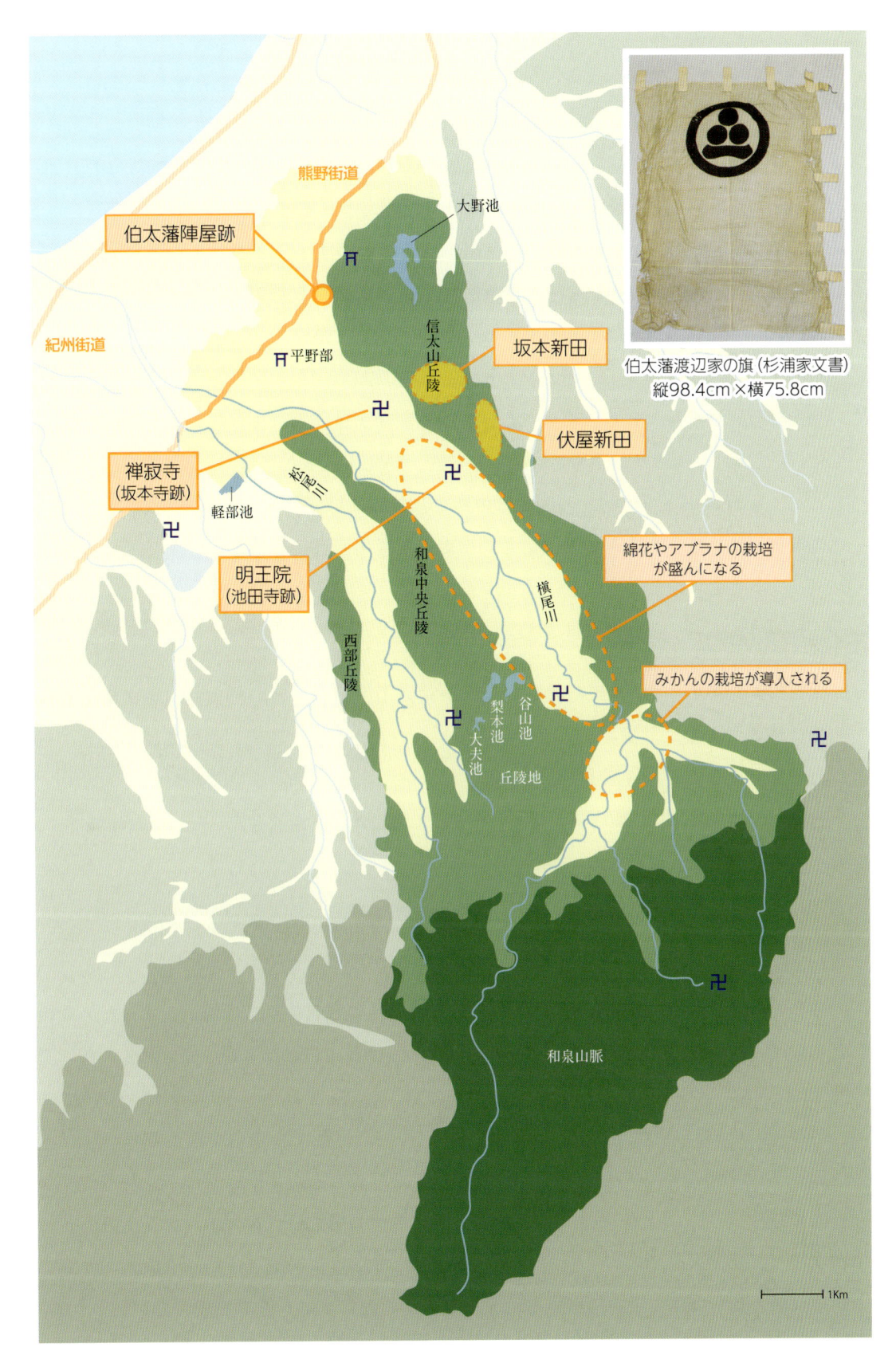

熊野街道

伯太藩陣屋跡

大野池

信太山丘陵

坂本新田

伏屋新田

紀州街道

平野部

禅寂寺
（坂本寺跡）

松尾三

軽部池

明王院
（池田寺跡）

和泉中央丘陵

西部丘陵

横尾川

綿花やアブラナの栽培
が盛んになる

みかんの栽培が導入される

梨本池
谷山池
大夫池
丘陵地

和泉山脈

├──┤1Km

伯太藩渡辺家の旗（杉浦家文書）
縦98.4cm×横75.8cm

5 明治維新から現在まで

● 明治時代

　新政府は慶応4年（1868）6月に堺県を設置して、泉州を治めました。堺県は明治14年（1881）に廃止され、現在の和泉市域は大阪府に編入されました。

　明治22年（1889）には、市制・町村制が施行されました。市域では、信太村・伯太村・南王子村・国府村・郷荘村・北池田村・南池田村・北松尾村・南松尾村・東横山村・西横山村・南横山村が誕生しました。明治36年（1903）には東横山村と西横山村が合併して、横山村が誕生しました。

　明治時代には各地で政府、府県、軍隊による開発が進められました。信太山丘陵では、明治4年（1871）に堺県が開発を計画しました。開発を担った京都の商人小野組が倒産したため、小野新田（小野町）の開発は中断されてしまいました。その一方で、陸軍による開発は進められ、大砲射的場（のちの信太山演習場）が造られました。

● 大正時代

　大正8年（1919）には、野砲兵第四連隊が信太山演習場に近い伯太村（伯太町・黒鳥町）に移転しました。練兵場や陸軍病院なども設置され、大阪府における軍事拠点の一つとして発展しました（関連 pp. 104-105）。

　松尾谷や池田谷では、織物業が盛んとなり、工場の建設が相次ぎました。横山地域では、みかん栽培が発展しました。

● 昭和時代（戦前・戦中）

　昭和4年（1929）には阪和電気鉄道が天王寺駅から和泉府中駅まで開通しました。このころには、産業道路（現在の府道30号）が開通し、大阪市内と信太山が結ばれました（関連 pp. 120-121）。

　昭和8年（1933）には伯太村・国府村・郷荘村が合併して和泉町が誕生し、昭和18年（1943）には南王子村が町制を施行して八坂町となりました。

　昭和6年（1931）に始まる満州事変から太平洋戦争の間には、市域からも多くの人びとが出征し、1500人余りの方が戦地で亡くなりました。昭和20年（1945）のアメリカ軍による大阪大空襲では、現在の阪本町から東阪本町にかけての一帯にも焼夷弾が投下され、死傷者が出ました。

紀州街道

熊野街道

南海電気鉄道

大野池

小野新田

平野部

信太山丘陵

信太山演習場

阪和電気鉄道

松尾川

軽部池

光明池

織物業が盛んになる

横尾川

久保惣

和泉中央丘陵

西部丘陵

谷山池
梨本池
大夫池
丘陵地

みかんの栽培が盛んになる

和泉山脈

1Km

● 昭和時代 （戦後）

　昭和31年（1956）に7つの町村が合併し、和泉市が誕生しました。昭和35年（1960）には、和泉市と信太村・八坂町が合併して、現在の和泉市の範囲がほぼ定まりました（関連 pp.26-27）。

　昭和38年（1963）には、大阪府が堺市域における「泉北丘陵ニュータウン計画」を発表し、翌年には建設省が第二阪和国道の建設計画を発表しました。

　これらの開発計画は泉北丘陵窯跡群（陶邑窯跡群）や池上曽根遺跡が発掘されるきっかけとなり、埋蔵文化財に対する市民の関心を高めました（関連 pp.28-29）。

　昭和40年（1965）には、和泉府中駅前商店街（ロードインいずみ）が完成しました。同年には、大阪婦人子供服団地が操業を開始しました。

　それから10年余りの間に、弥生町、鶴山台、青葉台、緑ケ丘、光明台などの住宅地が開発されました。昭和61年（1986）には和泉中央丘陵でトリヴェール和泉の開発が始まりました（関連 p.90）。こうして、織物と農業で発展した和泉市は、大阪近郊の住宅都市へと変わっていきました。

● 平成時代

　平成3年（1991）には、トリヴェール和泉の4つの町名（いぶき野・はつが野・まなび野・あゆみ野）が決定しました。その翌年には、いぶき野で街びらきが行われました。

　平成7年（1995）には、泉北高速鉄道が光明池駅から延伸して、和泉中央駅が開業しました。また、桃山学院大学が堺市から、和泉市まなび野に移転しました。同年には、トリヴェール和泉の本格的な街びらきを記念する行事が催されました。

いぶき野街びらき
平成4年（1992）5月29日

　平成8年（1996）には、テクノステージ和泉の開発が始まりました（関連 p.10）。

● 令和時代

　令和3年（2021）5月には和泉市役所の新しい庁舎の利用が始まりました。

新庁舎

大野池

信太山演習場

信太山丘陵

阪和自動車道

泉北高速鉄道

熊野街道

紀州街道

高石市

南海電気鉄道

泉大津市

忠岡町

市役所

26 30

平野部

JR阪和線

軽部池

松尾川

和泉中央

久保惣記念美術館

西部丘陵

岸和田市

和泉中央丘陵

光明池

織物業が盛んになる

横尾川

480

梨本池

谷山池

大夫池

丘陵地

170

170

堺市

みかんの栽培が盛んになる

和泉山脈

河内長野市

貝塚市

和歌山県伊都郡
かつらぎ町

1Km

第Ⅰ部　和泉市の歴史と地理

もっとくわしく ① 和泉市の誕生

　和泉市は、昭和31年（1956）に和泉町・北池田村・南池田村・北松尾村・南松尾村・横山村・南横山村の7つの町村が合併して誕生しました。昭和35年（1960）には、和泉市と信太村・八坂町が合併して、現在の和泉市の範囲がほぼ確定しました。

　初代の市長は旧和泉町長の横田礒治が就任しました。和泉市が誕生した直後は、旧和泉町の役場と公会堂が和泉市役所となりました。昭和33年（1958）には現在と同じ場所（府中町二丁目）に市役所の庁舎が完成し、以後60年以上も市民に親しまれました。

　ちなみに、7つの町村が合併する以前には、北部の和泉町・八坂町・信太村が、現在の高石市、泉大津市、忠岡町と合併する計画や、南部の村だけで合併する計画もありました。

和泉市となった9つの町村

和泉市役所仮庁舎（旧和泉町役場）
昭和31年（1956）から昭和33年（1958）まで利用されました。

和泉市役所庁舎と市民会館
昭和33年（1958）から令和3年（2021）まで利用されました。昭和41年（1966）撮影

『広報いずみ』創刊号　昭和31年（1956）11月16日

　和泉市の市章（ししょう）（マーク）と市歌は、昭和32年（1957）に公募（こうぼ）で選ばれました。市章は和泉の「泉」がデザインされています。市歌（作詞：葛城天牛・作曲：川澄建一）には、当時盛んだった織物業のことが記されています。

市章

その名も古く　泉州の
機業のほまれ　守りつつ
栄えて機の　音たかく
世界を結ぶ　その糸に
かける新興　和泉市の
明日の希望の　夢が湧く

市歌（2番の歌詞）

和泉市歌
（和泉市ホームページ）

市の木・楠（くすのき）

市の花・水仙（すいせん）

もっとくわしく ② 和泉市の文化財を守る

● 文化財とは

　私たちが暮らす社会は、長い年月のうちに人びとが積み重ねた活動の上に成り立っています。文化財は、そのような人びとの活動を伝えてくれる貴重な資料です。

　わが国では、昭和25年（1950）に文化財保護法が制定され、現在は有形文化財・無形文化財・民俗文化財・記念物・文化的景観・伝統的建造物群の区別が定められています。

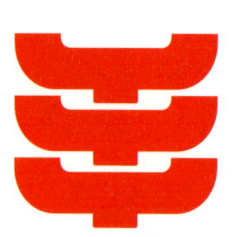

文化財愛護
シンボルマーク

松尾寺金堂の斗栱

文化財愛護シンボルマークは昭和41年（1966）に文化財保護委員会（現文化庁）によって定められました。日本建築に使われる斗栱のイメージを三つ重ねることで、過去・現在・未来にわたる文化財の継承を表しています。

● 三大弥生遺跡の保存運動

　明治36年（1903）に、当時旧制中学校の生徒であった南繁則（1888-1969）は、池上村（池上町）の自宅の土壁に、石の矢じりが埋まっていることに気づきました。そこで南は、土壁の土をとった池上村には、遠い昔に人びとが生活していたと考えました。

南 繁則

　戦後の昭和29年（1954）には、考古学者の森浩一（1928-2013）が指導する泉大津高等学校地歴部の生徒が調査し、遺跡がどこまで広がっているかを明らかにしました。

　ところが、昭和39年（1964）、当時の建設省は、その6年後に大阪で開催を予定する万国博覧会にそなえて、第二阪和国道（現在の国道26号）を建設する計画を発表しました。国道が建設されると、池上町の遺跡は破壊され、どのような遺跡かが永久に分からなくなってしまいます。

　同じころ、信太山丘陵と和泉中央丘陵では、新しい住宅地（鶴山台と弥生町）を建設する計画が進められていました。開発前の調査によって、信太山丘陵では惣ヶ池遺跡が、和泉中央丘陵では観音寺山遺跡がみつかりました。

　このように、高度成長期の急速な開発によって、市内では多くの遺跡が発見され、また破壊されました。

谷山池16号窯跡の発掘調査風景

　市民の間では、これらの遺跡を残すため、「三大弥生遺跡を守る実行委員会」などが結成されました。昭和43年（1968）には和泉市議会も、これらの遺跡を残していくことを決議しました。

　池上町の遺跡は、昭和51年（1976）に国の史跡に指定され、池上曽根遺跡（いけがみそねいせき）と名付けられました。惣ヶ池遺跡と観音寺山遺跡は、全ては保存されませんでしたが、平成26年（2014）には、惣ヶ池遺跡の一部が和泉市の史跡に指定されました。

● 惣ヶ池遺跡の青銅鏡（惣ヶ池鏡）（そうがいけきょう）

この写真は本物の惣ヶ池鏡と同じ大きさだよ

　現在も市内の各地では、遺跡の調査が続けられています。令和3年（2021）には、惣ヶ池遺跡において、近畿地方（きんきちほう）で最も古い時期（約2000年前）に作られた青銅鏡（せいどうきょう）（惣ヶ池鏡）がみつかりました。

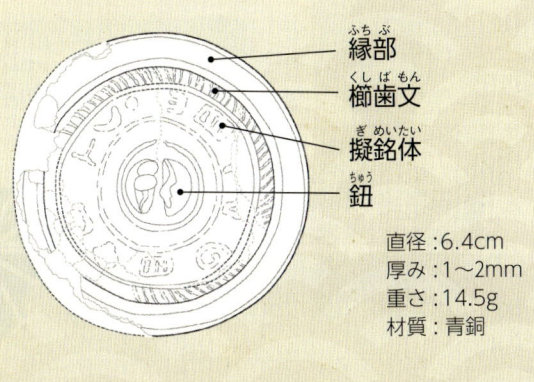

縁部（ふちぶ）
櫛歯文（くしばもん）
擬銘体（ぎめいたい）
鈕（ちゅう）

直径：6.4cm
厚み：1〜2mm
重さ：14.5g
材質：青銅

保存処理を終えた青銅鏡（惣ヶ池鏡）（原寸大）
（和泉市教育委員会所蔵）

●『和泉市史』の編纂

　和泉市は、昭和35年（1960）に市制発足10周年に向けて、市の歴史編纂（調査して本にまとめること）を始めました。

　昭和40年（1965）には、当時京都大学の教授であった赤松俊秀の監修と専門委員三浦圭一の執筆により、『和泉市史』が完成しました。

　この間、地元の協力により、市内では多くの文化財が発見されました。約1000年前の平安時代に記された「修善講式」もその一つです（関連 pp. 42-43）。このような地道な調査と研究は、『和泉市の歴史』の編纂に引き継がれています。

『和泉市史』の編纂にあたって、昭和37年（1962）に槇尾山施福寺で発掘調査が行われました。中央は当時奈良国立博物館の館長であった考古学者の石田茂作。右は専門委員の三浦圭一。

● 南横山地区「笹踊り」の保存

　文化財には、歌、踊り、技術などの、人間が伝承する文化財（無形文化財）もふくまれます。中世から伝わるとされる「笹踊り」は、大正2年（1913）に南横山地区の八坂神社で奉納されたのち、90年近くも行われませんでした。

　平成14年（2002）に、地元の人たちは南横山笹踊り保存会を結成して、古い記録や映像を集め、笹踊りを復活させました。「笹踊り」は、堺市鉢ケ峯寺地区の「こおどり」や岸和田市塔原町の「葛城おどり」と歌詞や踊りが似ており、いずれも雨が降ることを祈る踊りであったと考えられています。

南横山の笹踊り

和泉市文化財活性化推進実行委員会ブログ

動画はこちら

南横山笹踊り

● だんじり（地車）の修理

阪本町地車
昭和24年新調、大江田隆元一
彫師松田正幸・井下舜次郎による作事

地車組立

地車彫刻

　だんじりは、祭礼で曳かれる山車の一種です。現在では大阪府を中心に、瀬戸内海沿岸に広く伝えられています。その発祥は、江戸時代に大阪天満宮（大阪市北区）の天神祭で、神輿をのせて淀川に浮かべた豪華な船にあるともいわれています。

　現在の和泉市では、35の町会がだんじりを曳行しています。だんじりには、専門の職人が制作した彫り物、金具、幕、のぼりがついています。これらの修理には、多額の費用がかかることから、現在では文化庁の補助を受けた修理事業も行われています。

> この本では、江戸時代に描かれた絵図（p.72）や安土桃山時代に建てられた神社（p.125）の修理も紹介しているよ！

和泉市文化財 TV
https://izbun.jp/

阪本町令和地車修理事業

もっとくわしく3 大般若経がつなぐ地域と人びと

大般若経（大般若波羅蜜多経）は、中国隋・唐時代の僧侶玄奘三蔵（602-664、三蔵法師とも）が、インドから唐に持ち帰り、翻訳した仏教のお経です。日本では奈良時代に、全国の国分寺で写経が行われました。全部で600巻もある大般若経には、どこで誰が写経したのかが記されています。

和泉市内では現在でも、大般若経を用いた儀式が行われる寺院や町があります。

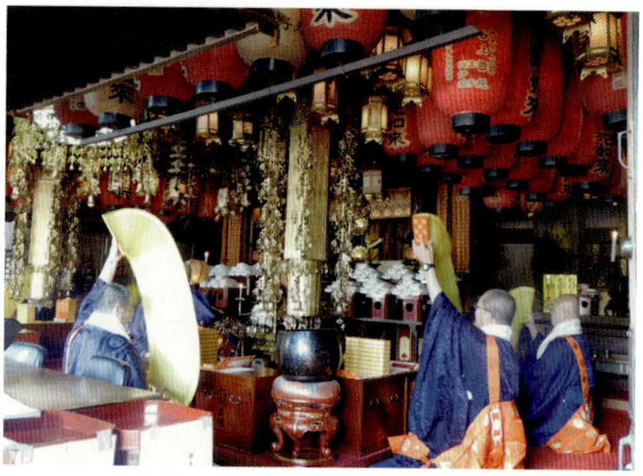

大般若経を転読する（省略して読む）ことで、災いをなくすという信仰があります。
阿弥陀寺（大野町）提供

● 室堂町森光寺の大般若経①

平安時代から鎌倉時代に写経され、播州印達北条天満宮（兵庫県姫路市）に奉納されました。江戸時代には和泉国室堂村の施音寺に移されました。その後、室堂村と和田村の有力者がお金を出し合って、高野山の蓮明院というお寺で修理されました。

この大般若経の一つには、弘安4年（1281）の蒙古襲来のあと、日本に残った元軍の一人が「補整」に携わったと記されています。

大唐国江西路瑞州軍人何三於
弘安九年四月上旬日補整
一交了

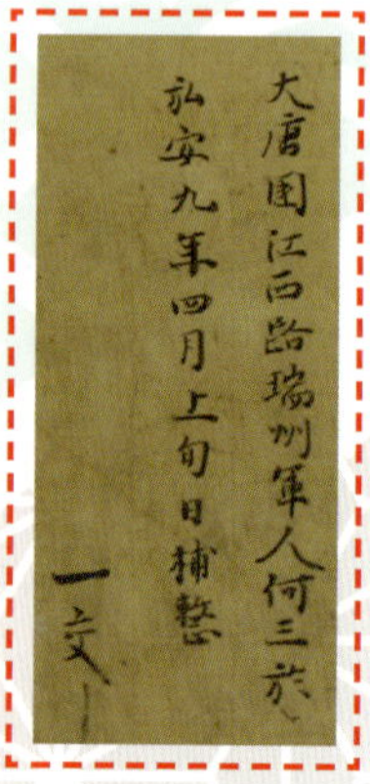

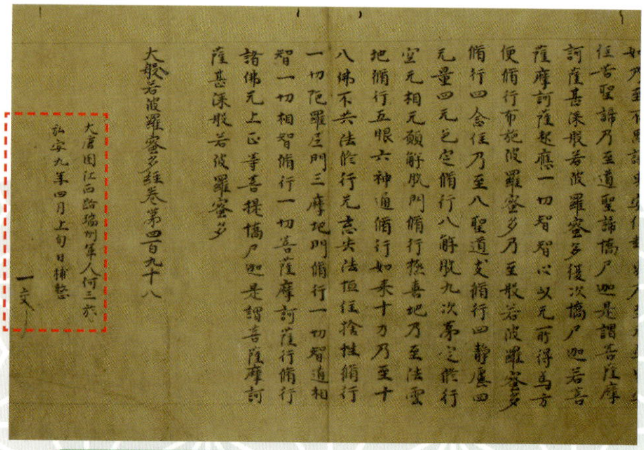

和泉市指定文化財　森光寺の大般若経498巻最後の部分

● 奥書から分かる大般若経の移動

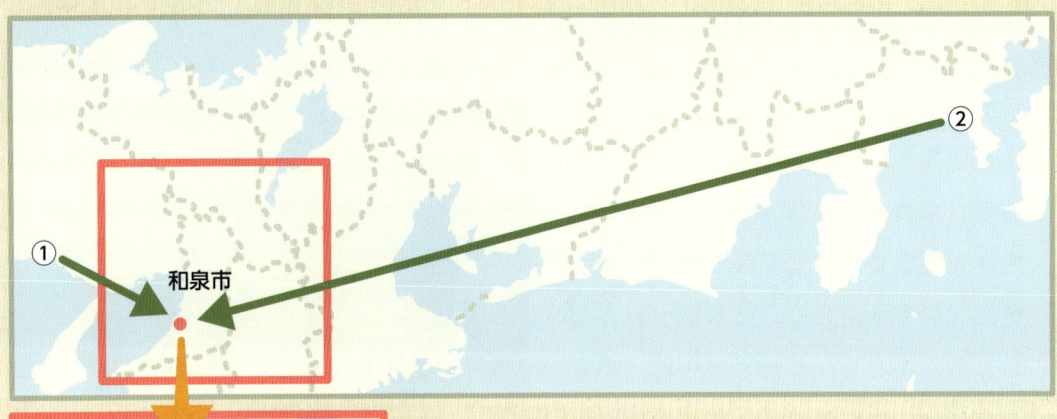

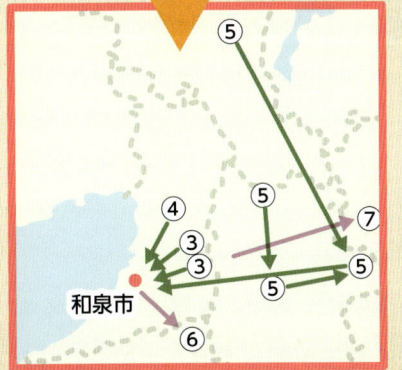

① 印達北条天満宮 → 室堂町 森光寺
② 新大仏（鎌倉） → 仏並町 池辺家
③ 叡福寺・西琳寺 → 下宮牛頭天王社 → 小野田町 小野林家
④ 四天王寺御領猪養野御庄 安養寺 → 平井町 羅漢寺
⑤ 鞍馬寺・東南院（東大寺）・多武峯聖霊院（談山神社）
　　→ 曽瀰庄宮（曽爾村） → 黒島町 長楽寺
⑥ 寺門村 → 橋本市 東家　観音寺
⑦ 桑原村 → 伊賀市 種生　常楽寺

● 仏並町池辺家の大般若経②

　600巻のうち418番目の巻には、建長3年（1251）に鎌倉の大仏（神奈川県鎌倉市）のために写経されたと記されています。江戸時代には、横山地域の上宮2ヵ村で管理されていました。

● 小野田町小野林家の大般若経③

　鎌倉時代に木版で印刷され、聖徳太子のお墓がある叡福寺（大阪府南河内郡太子町）やその近くの西琳寺（羽曳野市）で校合（文字がきちんと写されているかの確認）が行われました。江戸時代には、横山地域の下宮7か村が信仰する牛頭天王社という神社に奉納されました（関連 pp.48-49）。

● 平井町羅漢寺の大般若経④

　平安時代の終わりごろに、写経されました。そのころは、現在の大阪市東成区・生野区を流れる平野川周辺の寺院にありました。江戸時代には、宮里3か村（平井村・黒石村・国分村）の共有財産となっていました。

● 黒鳥町長楽寺の大般若経⑤

平安時代の終わりごろから鎌倉時代にかけて写経されました。なかには鞍馬寺（京都市）で写経されたものや、東大寺（奈良市）で写経されて、談山神社（奈良県桜井市）に奉納されたものもありました。それらは一度、現在の奈良県宇陀郡曽爾村にあった神社に奉納されて、いつのころか黒鳥村（黒鳥町）へ移されたようです。

長楽寺の大般若経。全600巻は6つの木箱で保管されました。

● 槇尾山施福寺の大般若経

46番目と336番目の巻は、約175cmの紙を貼りついで作られており、文字を区画する界線がありません。これは、奈良時代の有力貴族であった長屋王が制作させた大般若経（東京都港区・根津美術館所蔵）と同じ特徴です。

ここまでに紹介した大般若経は、ほかの場所から和泉市域にもたらされた大般若経です。その反対に、和泉市域からほかの場所へ持ち出された大般若経も残されています。

● 和歌山県橋本市観音寺の大般若経⑥

平安時代に制作された巻には、弘安6年（1283）の当時は、和泉国の「寺門村」（現在の寺門町）にあり、「観音寺」の兵衛入道蓮性という人物が願いごとの実現を祈って修理したと記されています。

● 三重県伊賀市常楽寺の大般若経⑦

正元元年（1259）に「坂本郷桑原村」（現在の桑原町）で校合が行われ、暦応2年（1339）に大和国（奈良県）で売られたことが記されています。

大般若経から、いろいろな時代の人びとが、地域をこえて交流したことが分かるんだね！

第Ⅱ部　5つの地域の歴史

● 5つの地域の範囲

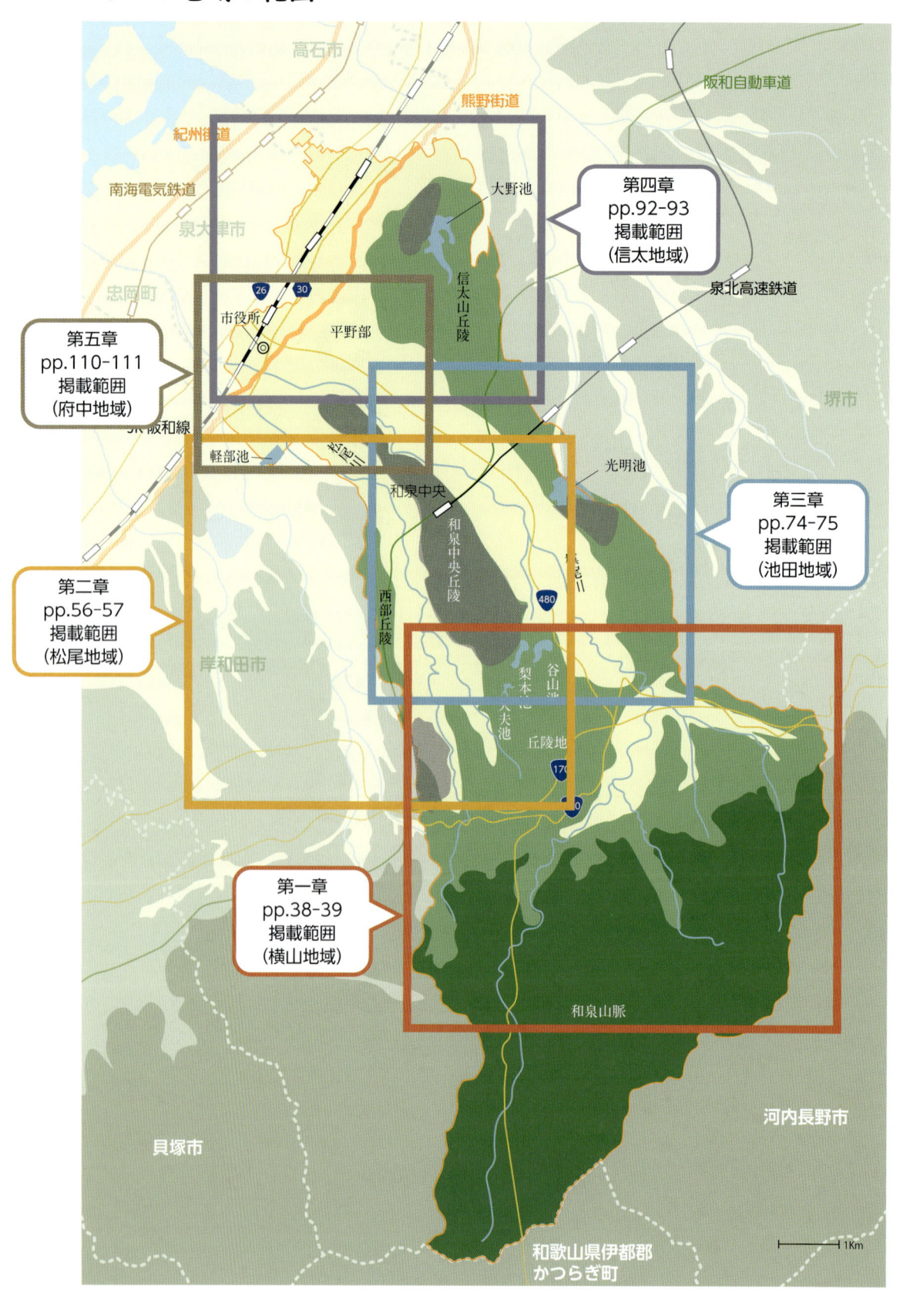

第四章
pp.92-93
掲載範囲
（信太地域）

第五章
pp.110-111
掲載範囲
（府中地域）

第三章
pp.74-75
掲載範囲
（池田地域）

第二章
pp.56-57
掲載範囲
（松尾地域）

第一章
pp.38-39
掲載範囲
（横山地域）

高石市
紀州街道
熊野街道
阪和自動車道
南海電気鉄道
泉大津市
泉北高速鉄道
忠岡町
市役所
平野部
大野池
信太山丘陵
堺市
JR阪和線
軽部池
軽部川
和泉中央
光明池
和泉中央丘陵
槇尾川
岸和田市
西部丘陵
谷山池
梨本池
大夫池
丘陵地
和泉山脈
貝塚市
河内長野市
和歌山県伊都郡
かつらぎ町

1Km

第一章

横山と槇尾山を中心とする地域

南部リージョンセンター（仏並町）

福瀬戒神社

小堂寺

福瀬遺跡

170

金剛寺

東槇尾川

みかんの産地

和泉市文化財 TV
https://izbun.jp/

和泉史跡空中散策 施福寺 秋の紅葉編 VTR Part1

和泉市立青少年の家

施福寺

施福寺本堂（槇尾山町）

1 市内でいちばん古い遺跡は？
―大床遺跡・仏並遺跡・横山遺跡

横山地域では、市域で最も古い時代の遺跡（人間の活動が分かる場所や物）がみつかっています。遺跡からみつかった資料は、何を物語っているのでしょうか。

● 旧石器時代の大床遺跡（大野町側川・父鬼町）

およそ2万年前の人びとが生活していたことが分かる、市内で最も古い遺跡です。そのころ地球全体の気温は低く、横山地域は現在の北海道札幌市と同じくらいの気候でした。

この遺跡からは、サヌカイトという石材からナイフ形の石器を作る途中の未完成品がみつかりました。

大床遺跡　サヌカイト未完成品

● 縄文時代の仏並遺跡（仏並町）

現在の槇尾学園と父鬼川・大阪外環状線（国道170号）との間にある遺跡です。ここは、父鬼川が土地をけずりとってできた場所です。

ここからは、縄文土器や竪穴住居がみつかりました。なかには8000年前に関東地方で作られた種類の土器（鵜ヶ島台式土器）や4000年前に作られた土の仮面もみつかりました。このことから、当時の人びとが遠くの地域と交流していたことが分かります。

仏並遺跡から出土した縄文時代の土製仮面（複製）
原品は 大阪府指定文化財
（大阪府文化財センター所蔵）　幅14.6cm

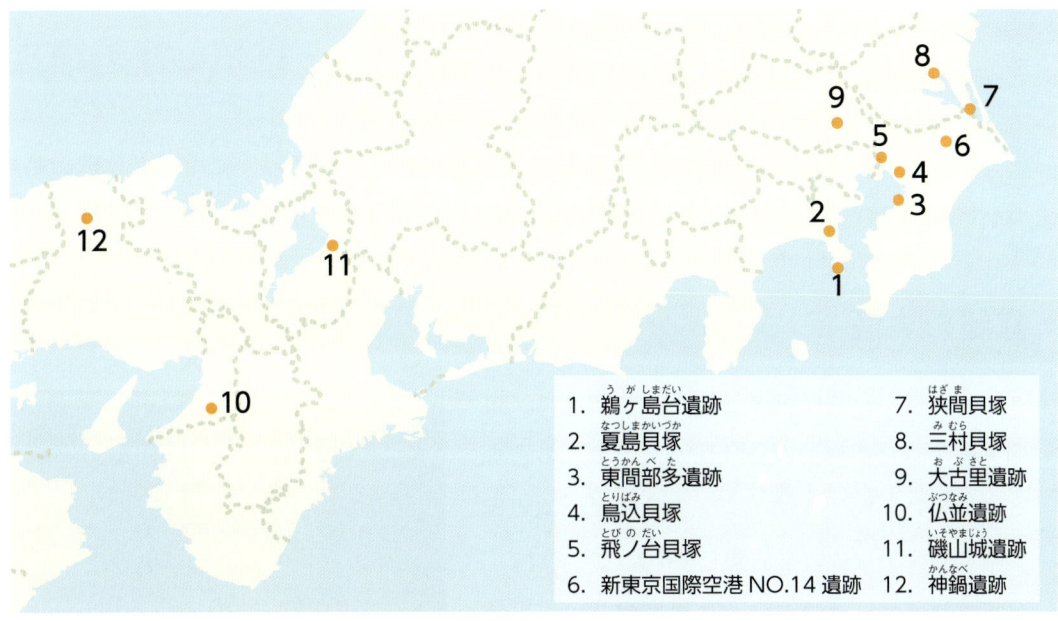

1. 鵜ヶ島台遺跡	7. 狭間貝塚
2. 夏島貝塚	8. 三村貝塚
3. 東間部多遺跡	9. 大古里遺跡
4. 鳥込貝塚	10. 仏並遺跡
5. 飛ノ台貝塚	11. 磯山城遺跡
6. 新東京国際空港 NO.14 遺跡	12. 神鍋遺跡

鵜ヶ島台式土器の出土する遺跡

こんなに遠くの地域と
交流していたんだね

弥生時代の横山遺跡（下宮町）

　現在の和泉市総合スポーツセンターの地下
にある遺跡です。ここからは、和泉地域に独
特なたくさんの横線をもつ文様（付加条沈線）
の弥生土器がみつかりました。

　また、田んぼに水を引き入れるための溝が
みつかったことから、ここで稲作が行われた
ことが分かります。

参考

四ツ池遺跡（堺市）でみつかった付加条沈線の
ある弥生土器（堺市文化財課所蔵・堺市博物館
提供）

みんなでお祈りしよう！
—覚超と修善講式

　かつて横山地域は、和泉国（大阪府南部）・河内国（大阪府東部）・紀伊国（和歌山県）をつなぐ、交通の重要な場所でした。ここには、どのような文化があったのでしょうか。

● 覚超の生涯

　和泉国にいた古代の豪族である池辺氏は、中国大陸から日本列島に移り住んだ渡来人の子孫とされています。『日本書紀』によると、池辺氏は飛鳥時代から仏教を信仰していたようです。

　平安時代に、池辺氏に生まれた覚超は、当時様ざまな仏教の教えが研究されていた比叡山延暦寺（滋賀県大津市）にのぼり、祈祷（祈りの儀式）を重視する密教と、阿弥陀仏に救われることを願う浄土教の、ふたつの教えを学びました（関連 pp.80-81）。

覚超御影（池辺家所蔵）
紙本著色　江戸時代
本紙は縦37.6cm×横36.8cm

参考

京都市左京区を流れる高野川から見た現在の比叡山の様子　令和4年（2022）撮影

祈祷の様子（想像図）

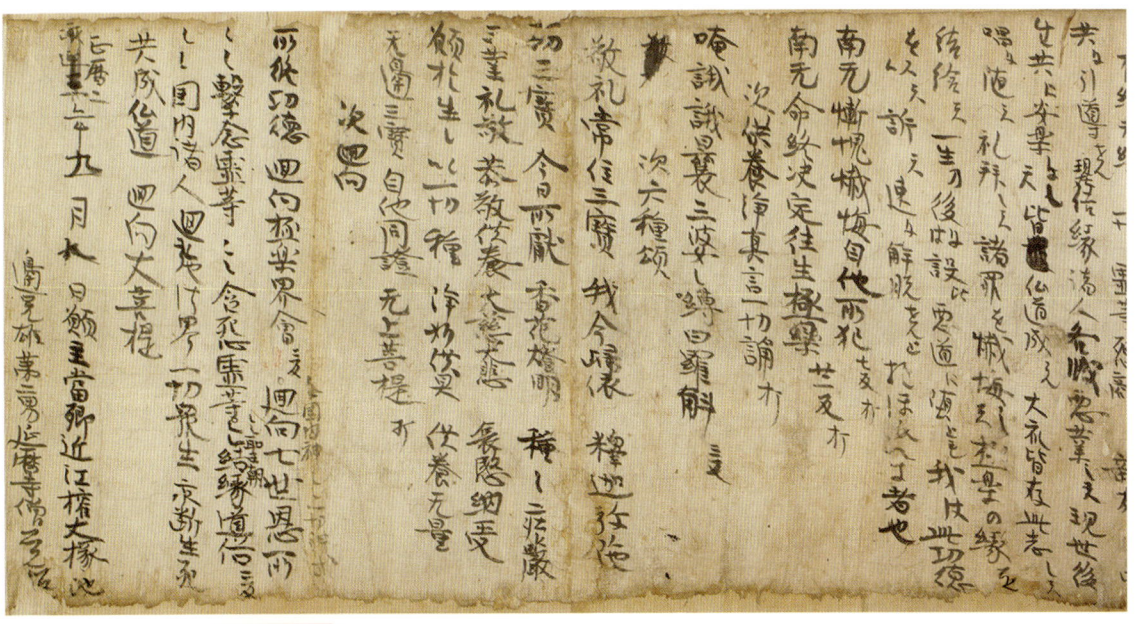

重要文化財 修善講式残簡　覚超筆　正暦2年（991）9月9日（池辺家所蔵）の一部
楮紙打紙　巻子装　縦32.5cm×横144.8cm

● 修善講式

　覚超は、出身地の横山で修善講という儀式（ぎしき）を行いました。覚超が修善講の内容をまとめた「修善講式」の一部には、次のように記されています（現代語訳）。

> この世に生まれる前の世界の両親、この世の両親、先祖、身近な家族、そして地域の人びと、生きているもの、死んでいるものを数（かぞ）え、彼（かれ）らのために、仏様の姿（すがた）をはんこで紙におします。これらの人びとと自分、すべての生き物が幸福になるように、お経を写して、卒塔婆（そとば）という塔（とう）を建てます。その下には、仏様の姿をおした紙・お経・人びとの名簿（めいぼ）を埋めて、ここを大切な土地として、毎年お祈りをします。

　ここからは、覚超が仏教を通して地域の人びとを結び付けようとしたことが分かります。

「修善講式」の原本は、今も大切に守り伝えられているよ

3 お参りする人を集めよう！
一施福寺参詣曼荼羅図に描かれた人びと

槇尾山施福寺には、中世の人びとや様ざまな伝説を描いた絵画が伝えられています。

● 三種類の参詣曼荼羅図

曼荼羅（曼陀羅とも）とは、仏の世界を表した仏教の絵画です。日本では16世紀に、各地の寺社（寺院や神社）で、境内、参詣者、縁起（寺社の成り立ちにまつわる物語）を盛り込んだ絵画が描かれました。このような絵画は、参詣曼荼羅図とよばれています。当時の僧侶や尼（女性の僧侶）は、参詣曼荼羅図を使って自分の所属する寺社を宣伝し、参詣する人を集めました。

施福寺には三種類の参詣曼荼羅図が残されています。ここでは、戦国時代から安土桃山時代（16世紀）にかけて描かれた最も古い作品（甲本）を観察してみましょう。

参詣曼荼羅図にはどんな人が描かれているのかな？

大阪府指定文化財 施福寺参詣曼荼羅図（甲本）（施福寺所蔵・京都国立博物館提供）
紙本著色　縦149.2cm×横150.6cm

第Ⅱ部　５つの地域の歴史　第一章　横山と槇尾山を中心とする地域

45

左下には、宝亀2年（771）に摂津国（大阪府北部）の僧侶法海上人が大津浦（泉大津市の海岸）で千手観音に出会う場面が描かれています。

真言宗の開祖となる空海（774-835）は、延暦12年（793）の20歳の時に、槇尾山で僧侶になるために髪をそり落としたと伝えられています。ここには、その時の空海の姿が描かれています。

本堂には僧侶や参詣者が座っています。その前には、市女笠をかぶった女性の参詣者がいます。大きな太鼓で演奏が行われ、舞楽が舞われています。

風呂とみられる建物が描かれています。蒸し風呂（サウナ）であったのかも知れません。参詣者へのアピールポイントであったのでしょうか。

4 そんな神社があったのか!?
―男乃宇刀神社と八坂神社

かつて下宮町には八坂神社という神社がありました。今はその跡地に石碑が建てられています。なぜ八坂神社は、なくなってしまったのでしょうか。

● ふたつの牛頭天王社

仏並町の男乃宇刀神社は、初代天皇の神武天皇とその兄の五瀬命をまつる神社です。その昔、現地の豪族横山彦命は、傷を負った五瀬命を助けたと伝えられています。

このような伝説のある男乃宇刀神社は、江戸時代には牛頭天王社とよばれ

男乃宇刀神社（仏並町）　令和4年（2022）撮影

ていました。牛頭天王とは、仏教にまつわる神の名前です。仏並村（仏並町）と坪井村（坪井町）の人びとは、上宮座という集まりを作ってこの牛頭天王社を信仰しました。

その一方で、下宮村（下宮町）や九鬼村（九鬼町）など9か村の人びとは、下宮座という集まりを作って下宮村にあったもうひとつの牛頭天王社を信仰しました。

● 明治時代の神仏分離

明治時代になると、政府は神社から仏教にまつわるものをなくそうとしました。

牛頭天王社は仏教にまつわる神をまつる神社であったので、仏並村の牛頭天王社は男乃宇刀神社へ、下宮村の牛頭天王社は八坂神社へと名前を変えることになりました。

ちなみに、男乃宇刀神社は、平安時代の書物『延喜式』に記された神社の名前です。

参考

大阪府指定文化財　牛頭天王坐像
（堺市　中仙寺所蔵・堺市博物館提供）
平安時代後期　木造　像高59.0cm

48

● 戦後の合祀（ごうし）

　日本が太平洋戦争に敗れた昭和20年（1945）の翌年（よくねん）、横山地域（よこやまちいき）の人びとは、下宮村の八坂神社をなくして、同じ土地に中学校を建てることにしました。

　そこで、八坂神社の祭神は男乃宇刀神社でまつり、建物は解体して方違神社（ほうちがいじんじゃ）（堺市（さかいし））に移築されることになりました。

　こうして八坂神社はなくなり、その場所には横山中学校が建てられました（関連p.130）。昭和39年（1964）に横山中学校が移転したあとは、鳳高等学校（おおとり）横山分校（のちの横山高等学校）の校地となりました（関連p.50）。平成20年（2008）には、横山高等学校が廃校（はいこう）になり、和泉市総合スポーツセンターが造られました。

　現在、その敷地（しきち）の片隅には、「八坂神社旧跡（じゃきゅうせき）」と記された石碑（せきひ）があり、信仰の記憶（きおく）を留めています。

戦前の八坂神社

戦前の八坂神社で行われたお祭りのようす

旧横山高等学校

八坂神社旧跡の碑（下宮町）令和4年（2022）撮影

5 おいしいみかんを育てました

―横山のみかん栽培

みかんの産地といえば、和歌山県、愛媛県、静岡県が有名です。しかし大正時代の大阪府は、和歌山県についで全国第2位の生産額をほこるみかんの産地でした。現在でも、横山地域はみかんの産地となっています。そこにはどのような歴史があるのでしょうか。

● みかん栽培の始まり

江戸時代の坪井村の人びとは、田畑でとれた米や麦だけでなくお茶の葉やみかんを売って得たお金でも年貢（税）を納めていました。江戸時代の終わりごろには、害虫に強く、味もよい温州みかんが栽培され始めました。明治時代には横山地域の各地でみかん栽培が広がり、北海道や上海、さらには北米まで出荷されました。

泉州蜜柑出荷連盟証紙
（仲野家所蔵）
縦3.7cm ×横2.5cm

● みかん栽培の発展に努力した人

坪井村の井上楠松は、明治24年（1891）に商栄会（のちに泉北郡柑橘信用組合）を結成して、横山地域のみかん栽培を発展させました。大正9年（1920）には、地元の人びとが楠松の功績をたたえて、男乃宇刀神社の前に石碑を建てました。

● 戦中・戦後の変化、そして現在

太平洋戦争（1941-1945）が起こると、食料を得るために、みかんの木は伐採され、かわりにサツマイモが栽培されました。そのため、みかんの生産量は大きく落ち込みました。

戦後の昭和25年（1950）には、柑橘振興会が結成され、みかん栽培が復興しました。みかん栽培の成長に支えられ、横山農協が病院を経営したり、横山村が鳳高等学校の分校（後の横山高等学校）を誘致したりしました。高度成長が始まり、みかん消費地である都市部が発展したことで、経済的な繁栄のピークをむかえました。

しかし1970年代からは、みかんの消費量が減少し、1990年代からは海外からオレンジの輸入が増加したため、みかん栽培は落ち込みました。現在の横山地域では、みかん栽培と観光を結び付けた新しい取り組みが進められています。

昭和戦前期のみかん出荷風景（小川集落）

● 繁栄のあとをたずねて

　仏並町の小川集落は、山手に位置する横山地域のなかでも、もっとも山奥にある小集落です。3階建ての大きな「みかん蔵」が残されています。

小川集落のみかん蔵　令和4年（2022）撮影

槇尾山に残る石垣

　槇尾山では、天正9年（1581）に織田信長の軍勢が寺院の建物を破壊したのち、慶長8年（1603）には豊臣秀頼が本堂を再建したと伝えられています。

　しかし江戸時代には、槇尾山の宗派が天台宗に固定された影響から、中世の施福寺参詣曼荼羅図に描かれた真言宗にまつわる建物（灌頂堂や多宝塔など）は失われました。さらに、江戸時代を通じて4度もの火災が起こりました。

　槇尾山を構成する寺院（子院）は、享保4年（1719）の絵図では、73軒も描かれています。しかし、江戸時代の後半にはその数が減り始め、明治45年（1912）には7軒にまで減少しました。現在は井上院・観音院・中之院・霊山院が建物を残すのみとなっています。

現存する井上院　令和3年（2021）撮影

平成12〜13年（2000〜2001）に元興寺文化財研究所が行った調査では、建物の跡、石垣、参道、水路のほか、平安時代の須恵器、中世の大甕などがみつかりました。

槇尾山施福寺子院分布復元想像図

窯から炭を
取り出す。

窯から取り出した炭

炭の原料となる樫な
どの雑木を、窯に入
れるためにしばる。

炭焼き体験の写真
（旧南横山小学校提供）

　現在のようにガスや電気が普及するより前の時代に、木炭は燃料のほか、水の濾過や湿気の吸収にも用いられました。また室町時代からは、茶道の道具としても重視されました。

　山やまに囲まれた横山地域は、古くから木炭の産地として知られています。鎌倉時代の歌人藤原光俊が「何として　いかにやけばや　いづみなる　よこ山すみの　白くみゆらん」という和歌をよんだように、横山の炭は表面の白い白炭であり、さわっても手がよごれず、貴族にも愛用されたようです。室町時代には、幕府が横山地域から炭を取り寄せる船に、関所で税金をかけてはならないと命令しています。

　江戸時代の百科事典『和漢三才図会』は、炭のひとつとして白炭をあげ、横山地域と槙尾山をその産地として紹介しています。また、『泉州志』や『和泉名所図会』などの書物は、とくに南横山の父鬼村（父鬼町）を白炭の産地として紹介しています。

　第二次大戦前の炭焼きは、炭窯作り、樹木の伐採、人間の肩や馬を使った運搬、2日間の窯だきなど、大変な重労働であったようです。現在、地元の槙尾学園では、地域住民を講師とした炭焼きの体験学習が行われています（関連 pp. 129-130）。

松尾谷と松尾寺を中心とする地域

大阪府指定文化財 松尾寺金堂（松尾寺町）

マイ山古墳

北松尾小学校 文卍
妙楽寺

松尾川

春日神社（春木町）

大阪産業
技術研究所

旧南松尾中学校

和泉市指定文化財 弥勒菩薩坐像
（観福寺所蔵）
奈良時代　木造　像高110.2cm

170

和泉中央駅

槇尾川

光明池

光明池緑地

○ 📖 シティプラザ図書館

文

石尾中学校

○ 桃山学院大学

○ いずみの国歴史館

宮ノ上公園

文 緑ケ丘小学校

文

文

文

文

文

480

文

🏛 久保惣記念美術館

文

226

青葉はつが野小学校

梨本池 谷山池

南松尾はつが野学園

文

和泉市文化財 TV
https://izbun.jp/

和泉史跡空中散策 松尾寺 桜編 VTR

春日神社

卍

大久池

卍 松尾寺

観福寺

480

170

南部リージョンセンター
図書室

○ 📖

テクノ
ステージ和泉

○ 旧南松尾小学校

○ 契沖の歌碑と石碑

若樫のサクラ ○

170

契沖の歌碑と石碑（久井町）

1 住宅地に眠る古墳

—マイ山古墳と副葬品

　市内では住宅地の造成などで、多くの遺跡が発掘されました。マイ山古墳もまたそのような遺跡の一つです。

発掘時のマイ山古墳（西から東を見る）　平成19年（2007）撮影

● 発掘調査の概要

　マイ山古墳（和泉市箕形町・岸和田市摩湯町）は、標高約59mの丘陵上に造られた前方後円墳です。平成19年（2007）の発掘調査では、全長が30m以上もあることが分かりました。前方部は道路のため破壊されていましたが、後円部は残されており、その直径は20mもありました。

第2主体部の埋葬施設

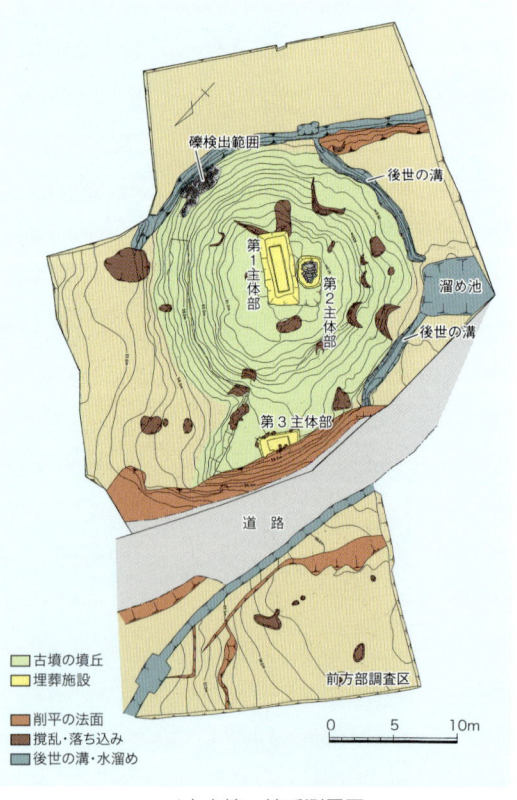

　　摩検出範囲　　　　後世の溝
　　　　　　　　　　　　溜め池
　第1主体部　　第2主体部　後世の溝
　　　　　　第3主体部
　　　　　道　路
　　　　　　　　　　前方部調査区

古墳の墳丘
埋葬施設
削平の法面
撹乱・落ち込み
後世の溝・水溜め

0　　5　　10m

マイ山古墳　墳丘測量図

● マイ山古墳の出土品

　マイ山古墳は、6世紀の松尾谷にいた有力者のお墓です。3基の埋葬施設には、亡くなった有力者と一緒におさめられた、装飾品（勾玉や管玉などのビーズ）、武器（刀や鉄鏃）、土器（須恵器や土師器）などがみつかりました。

　埋葬施設には、赤い顔料（絵の具）が付けられた小石を敷きつめたものもありました。この顔料は、魔よけのために付けられたと推測されています。

第一主体部の出土状況

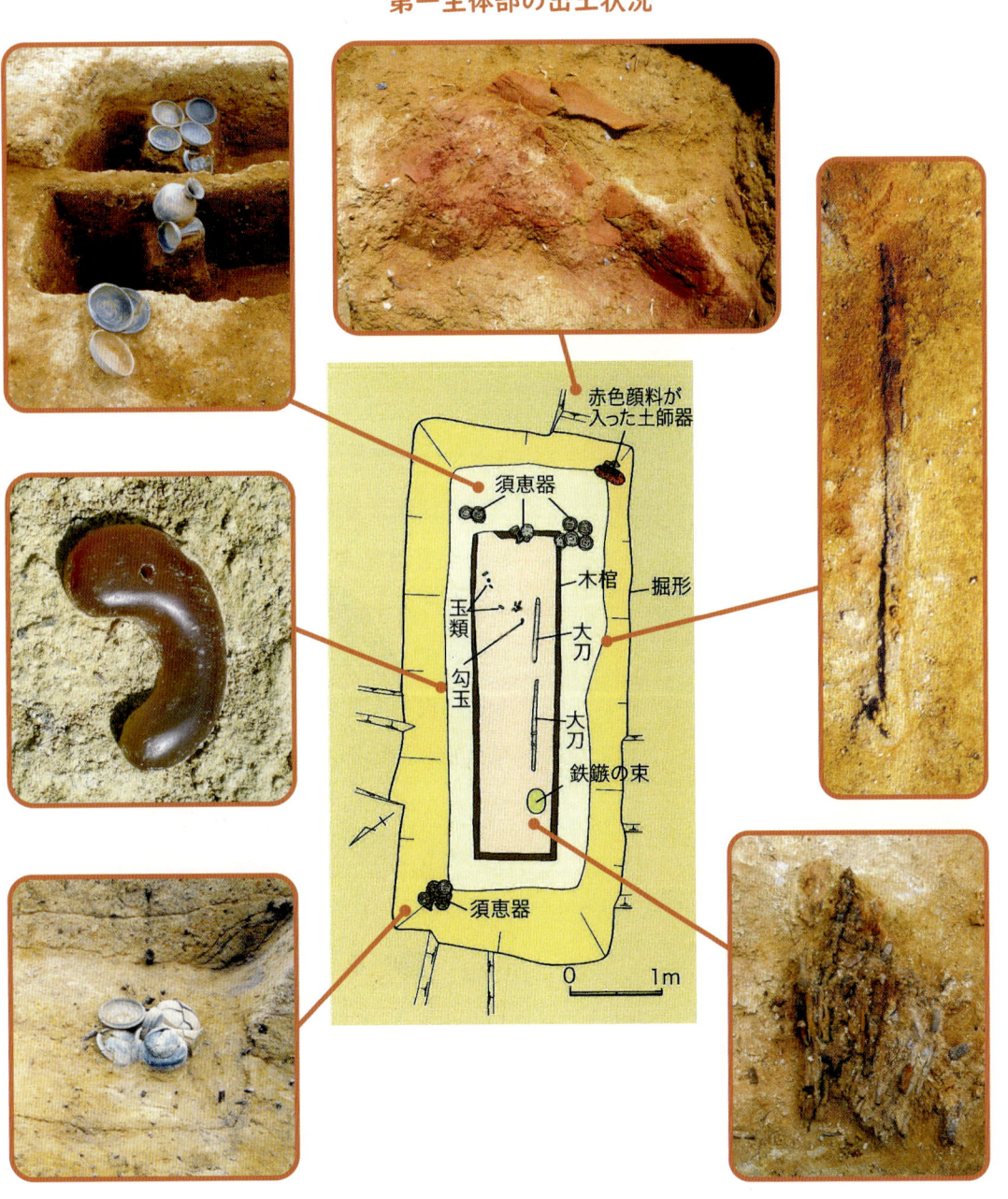

2 豊作への祈りと感謝
一松尾寺の歴史と信仰

松尾寺（松尾寺町）は、古代からの歴史を伝え、地域の中心ともなった寺院です。ここには、どのような信仰があったのでしょうか。

● 松尾寺の創建

和泉市指定文化財 役行者像（松尾寺所蔵）
鎌倉時代　絹本著色
縦98.0cm ×横42.3cm

松尾寺に伝わる『和泉国松尾寺縁起』という記録には、修験道（山などで神や仏を敬う、日本で独自に発展した宗教）の開祖とされる役行者（7世紀の人）が松尾寺を創建したと記されています。しかしこれは、あとの時代（15世紀後半以降）に作られた伝説のようです。

平安時代に記された『日本往生極楽記』という仏教の物語集には、尋祐という僧侶が松尾の「山寺」で修業したと記されています。

それでは松尾寺はいつ創建されたのでしょうか。ここで発掘調査の成果をみてみましょう。

松尾寺を構成する寺院（子院）のひとつである成就院のあった場所からは、ハスの花をかたどった白鳳時代（7世紀後半）の瓦がみつかりました。さらに、現在ある金堂（本堂）の軒下からは、8世紀の瓦がみつかりました。これらのことから、奈良時代にはここに寺院があったと考えられます。

松尾寺の軒下にある瓦

ハスの花をかたどった瓦
（複弁八葉蓮華文軒丸瓦）
（松尾寺所蔵）

重要文化財
孔雀経曼荼羅図（松尾寺所蔵）
鎌倉時代　絹本著色
縦158.0cm×横146.0cm

● 松尾寺と地域の人びとの信仰

　松尾寺に伝わる孔雀経曼荼羅図は、鎌倉時代に描かれた絵画です。中央には、四本の腕をもつ孔雀明王という仏が座っています。この曼荼羅は、災いを取り除くことや、農業に必要な雨が降ることを祈る儀式で用いられたようです。

　松尾寺では毎年11月（旧暦の10月15日）に、農作物の収穫を神がみや仏に感謝する松尾明神供厳祭という行事が行われます。この行事からも、松尾寺が農業を営む人びとに信仰されていたことが分かります。

● 中世から近世の松尾寺

　中世の松尾寺は、真言宗と天台宗を学ぶ寺院として発展しました。しかし、天正9年（1581）には織田信長の軍勢によって破壊されました。そのため、松尾寺に伝わる仏像のうち、山門の持国天立像と増長天立像（平安時代末期から鎌倉時代初期の作品）、子院の宝瓶院の釈迦如来坐像（室町時代末期から江戸時代初期の作品）のほかは、本尊の六臂如意輪観音坐像を含め、いずれも江戸時代以降に制作された、比較的新しい仏像です。

松尾寺の本尊・六臂如意輪観音坐像
江戸時代　木造　像高56.7cm

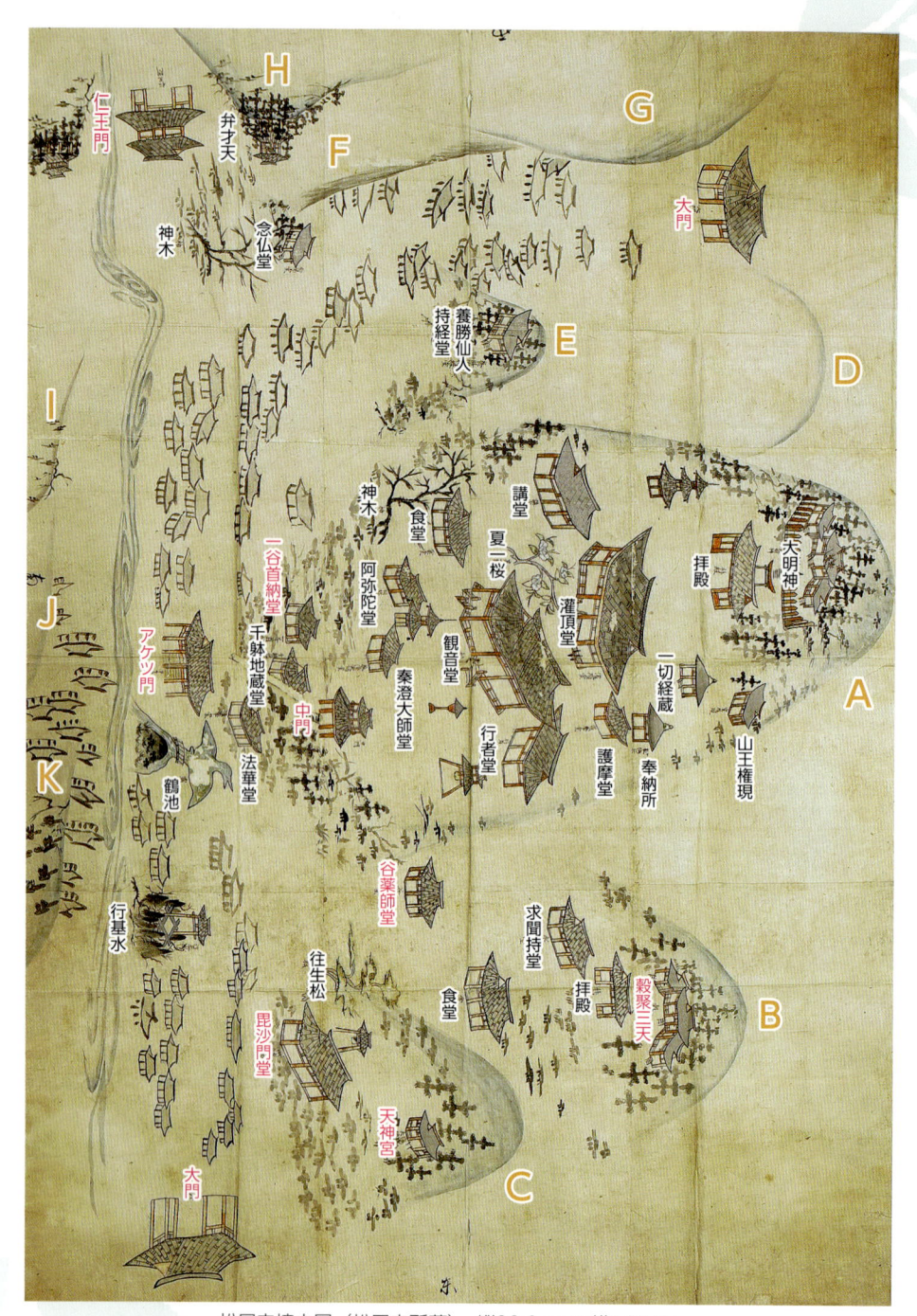

松尾寺境内図（松尾寺所蔵）　縦88.0cm ×横124.3cm

　松尾寺に伝わる「松尾寺境内図」には、戦国時代よりも前の時代の景観が描かれているようです。この絵図に描かれる仁王門・養勝仙人持経堂・アケツ門・往生松・毘沙門堂・大門は、地元の人びとが伝える北大門・仙人塚・惣門橋・往生院・毘沙門・南大門という地名の場所にあったと考えられます。

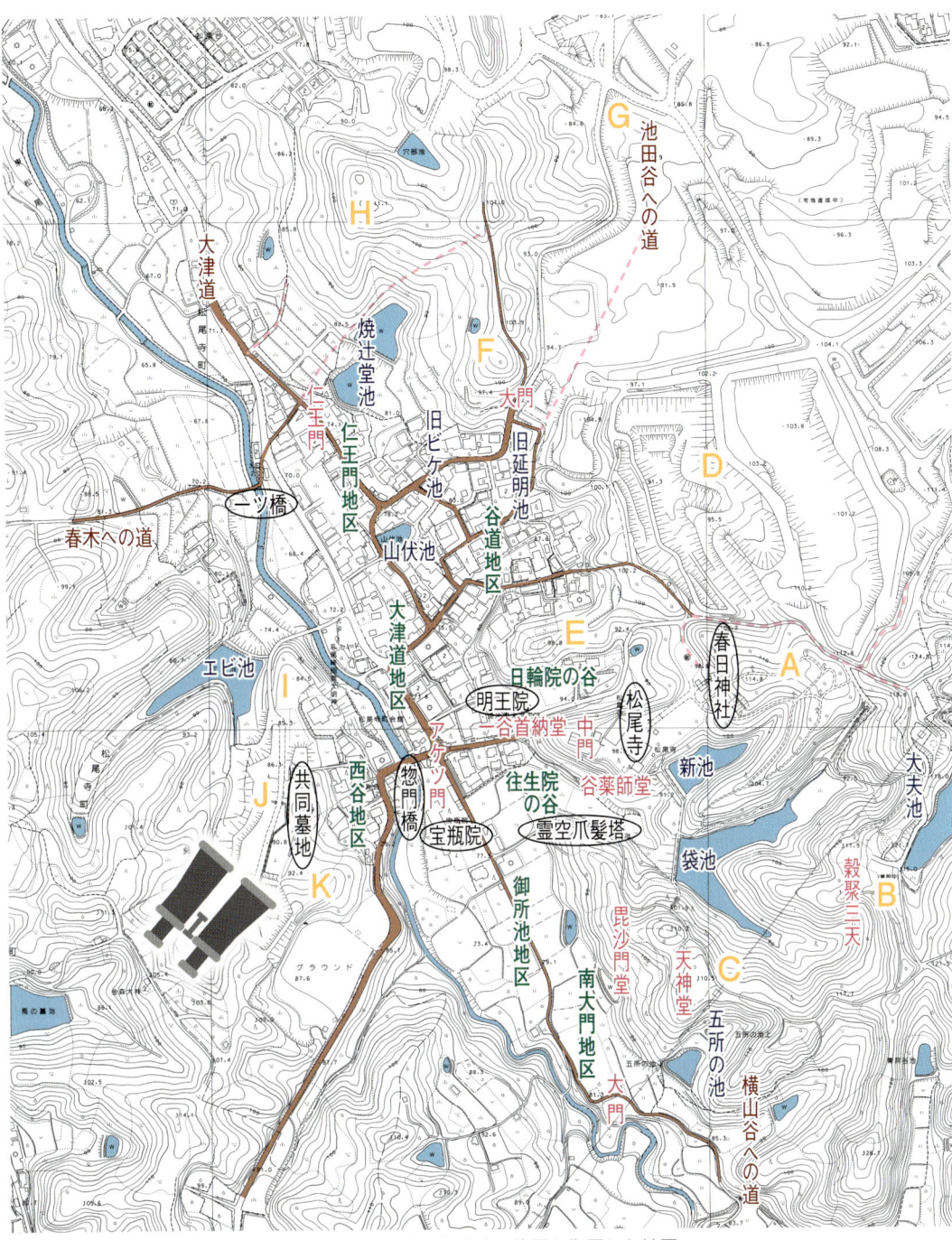

中世の松尾寺境内と道路の位置を復元した地図

地図上のラベル:
- 池田谷への道 G
- H
- 大津道
- 焼辻堂池
- 仁王門地区
- F
- 大門
- 旧ビケ池
- 旧延明池
- 谷道地区
- 山伏池
- 一ツ橋
- 春木への道
- 大津道地区
- D
- 春日神社 A
- エビ池 I
- E
- 日輪院の谷
- 明王院
- 谷首納堂
- 中門
- 松尾寺
- 新池
- 大夫池
- 西谷地区 J
- アカツ門
- 住生院の谷
- 谷薬師堂
- 袋池
- 穀聚三天
- 共同墓地 K
- 惣門橋
- 宝瓶院
- 霊空爪髪塔
- 毘沙門堂
- 天神堂
- B
- 御所池地区
- C
- 五所の池
- 南大門地区
- 大門
- 横山谷への道

江戸時代の記録によると、松尾寺を構成する寺院（子院）には、宝光院・蓮乗院・宝乗院・南昌院・福成院・明王院・宝瓶院・成就院・杉本院・福生院・万蔵院・金剛院がありました。しかし、現在は、宝瓶院と明王院のみが残っています。

左の松尾寺境内図と右の地図を比べてみてね！

3 村のリーダーと村人の約束
―唐国村にみる中世の村落

松尾寺に伝わる古文書からは、松尾寺の歴史だけでなく、地域に生きた人びとの歴史も知ることができます。ここでは、鎌倉時代の唐国村（現在の唐国町）を調べてみましょう。

● 刀禰と住民の約束

刀禰とは中世における村のリーダーのことです（関連 pp.80-81,116）。写真の古文書には、建長4年（1252）に唐国村の刀禰と住民が定めた11か条の約束が記されています。刀禰と住民はこの古文書を「置文」とよんでいます。

● 文書の保管をめぐって

正慶元年（1332）に記された古文書には、建長4年（1252）の「置文」を妙楽寺の蔵で保管したと記されています。

このように、中世の人びとがどのように約束を定めたのか、そして文書を管理したのかが分かる古文書は、全国的にもめずらしいものです。

およそ700年も昔の古文書に記された妙楽寺は、今も北松尾小学校の前にあるよ！

妙楽寺（左）と唐国菅原神社（右）　令和4年（2022）撮影

大阪府指定文化財 建長4年（1252）5月11日　唐国村刀禰与百姓条々置文（松尾寺文書）縦27.5cm×横46.5cm

（現代語訳）

唐国村の刀禰と百姓の約束のこと

一、八月の神事の時と外から客が来た時は、百姓の家一軒ごとに飼葉を出すこと。

一、五月の田植えの時には三日間、秋の稲刈りの時には一日間、百姓は家一軒ごとに牛と人を派遣すること。

一、麦をまく時は三日間、土をたがやす時は一日間、百姓は家一軒ごとに牛と人を派遣すること。

一、商売で得た利益や畑の収穫は、百姓が納めること。

一、歳暮のおくりものとして、百姓の番頭は白米七升と玄米一升を、そのほかの住民は家一軒ごとに白米三升を納めること。

一、税のかからない田では、一反ごとに三升を歳末に納めること。

一、荘園の領主が必要とした時、百姓は人夫と伝馬を差し出すこと。そのほか急用の時は、食料が支給される。ささいなことで百姓を使ってはならない。

一、恒例の使節や宿直のために、今後は百姓を使ってはならない。

一、公事という種類の税のかけられる田は、一町の広さにつき二反の広さである。

一、公事という種類の税のかけられる田は、不公平にならないように、百姓へ平等にわりあてること。

一、代官とその支配下にある人が、間違ったことをした時は、やめさせなければならない。

右のように定めるものである。

　建長四年五月十一日

　　　　刀禰

　　　　　　百姓たち

4 お寺の山はどこまで続く？
―松尾寺の村絵図

松尾寺に残された天保8年（1837）の「松尾寺村絵図」からは、江戸時代の村と村との関係や土地の使い方が分かります。

● 太閤検地

文禄3年（1594）の豊臣秀吉による検地（太閤検地）によって、松尾谷にある唐国村・内田村・春木村・久井村・若樫村・春木川村は、領主（土地の支配者）に税を納める村と定められました。その一方で、松尾寺の境内（朱印地）と境内周辺の「場広山」とよばれる山では、税を納めなくてもよいと定められました。

● 松尾寺と松尾寺村

「松尾寺村」という村の名前が記された最も古い文書は、元禄2年（1689）に領主の関宿藩（牧野家）が、松尾寺村の納めるべき税（年貢）の額を伝えた文書です。松尾寺村は、松尾寺の門前にあった百姓の住む村で、松尾寺を構成する寺院（子院）の宝瓶院の住職が庄屋をつとめました。

● 松尾寺と松尾谷の村

寛永18年（1641）ころは、農作物の収穫が少なく、松尾谷にある村の人びとは食料の確保に困っていました。そこで松尾寺は、定められた期間中は村の人びとが「場広山」に入り、「葛蕨」という食べられる植物を自由に採ってよいことを認めました。しかし、その後も松尾寺とその周辺の内田村（内田町）や唐国村（唐国町）などの村との間で、山の産物を取り合う争いが起こりました。

● 天保8年（1837）松尾寺村絵図を読む

天保8年（1837）の「松尾寺村絵図」には、田地・河川・ため池・道・山が描かれています。なかには、池田谷の万町村・浦田村・鍛冶屋村が柴や草を刈り取る場所であったとされる「池田山」も描かれています。

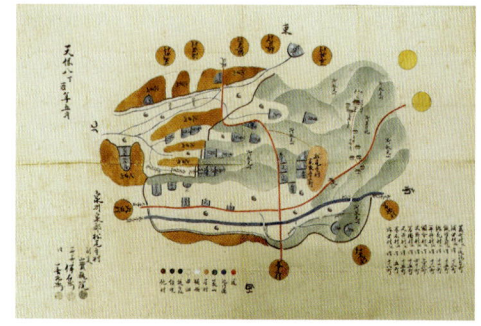

天保8年（1837）松尾寺村絵図（松尾寺所蔵）
縦64.5cm ×横94.3cm

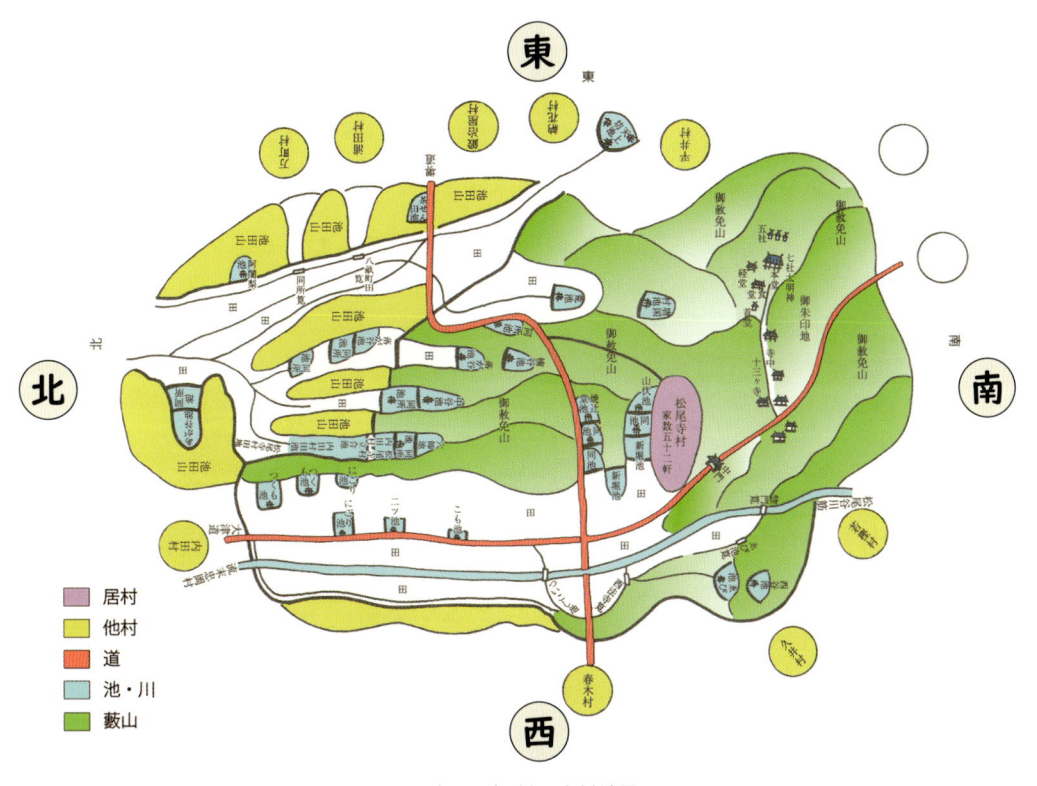

天保8年（1837）松尾寺村絵図のトレース

- 居村
- 他村
- 道
- 池・川
- 藪山

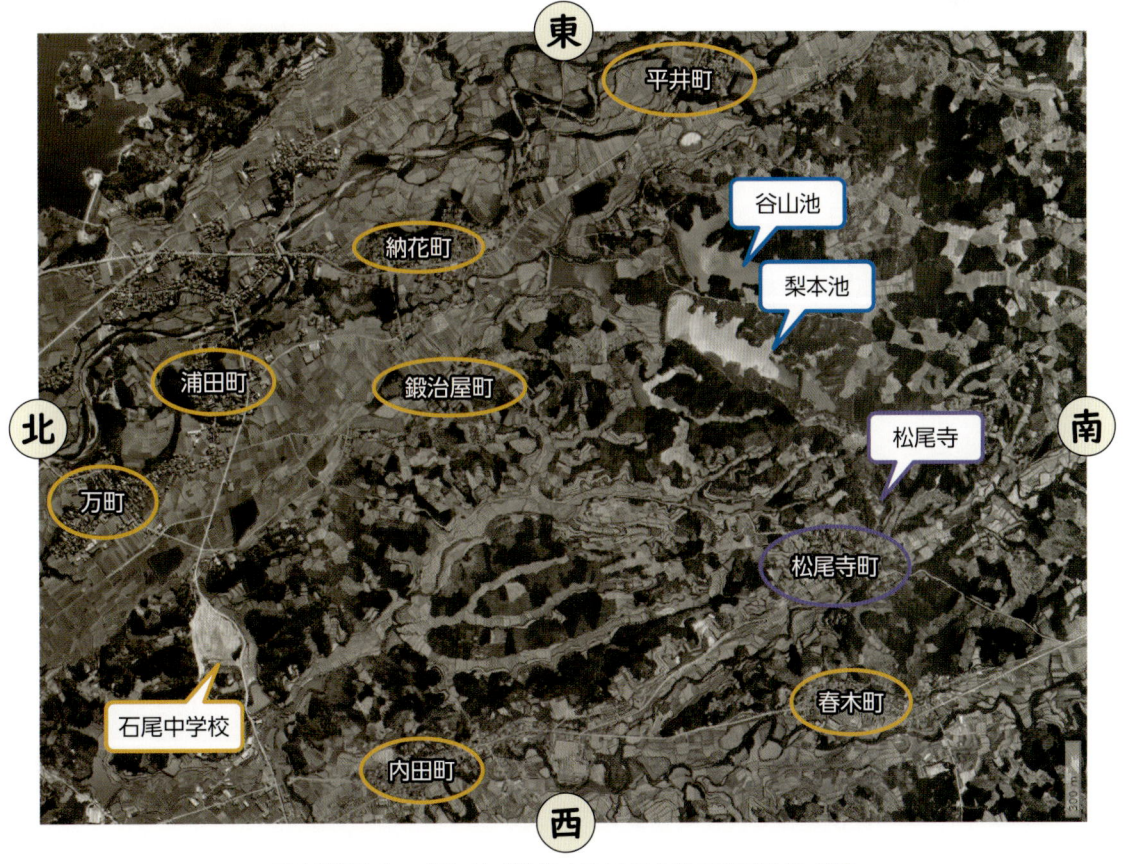

国土地理院ウェブサイトが公開する1960年代の航空写真に加筆

5 織物をたくさん作るぞ！
―綿織物業の発展と久保惣

かつて和泉市は織物と農業の町として発展しました。ここでは織物企業のなかでも、和泉市を代表する久保惣株式会社（久保惣）の歴史をたどってみましょう。

● 初代久保惣太郎による創業

泉州では、江戸時代の中期から明治時代の中ごろにかけて、農家の副業として木綿を織る仕事が盛んに行われました。

明治15年（1882）ころ、みかんの商人をしていた久保惣太郎（1863-1928）は、木綿の原料を農家に供給し、できあがった綿布を集めて販売する商人（仲買）となりました。

さらに、惣太郎は、性能のよい織機を農家に貸し出して、生産の効率を高めました。成功した惣太郎は、織物工場（のちの久保惣）を創業し、泉州を代表する企業に成長させました。

初代久保惣太郎氏の銅像
（和泉市久保惣記念美術館所蔵）

● 戦争による荒廃

日露戦争（1904-1905）から第一次世界大戦（1914-1918）にかけて、綿織物業は、農家が副業として行うものではなく、主として企業が工場を建設し、働く人を集めて作らせるものへと変わりました。久保惣も、松尾谷に次つぎと綿織物の工場を建設しました。

春木町にあった戦前の綿織物工場（中辻家所蔵）

しかし、太平洋戦争（1941-1945）で日本が不利になってくると、久保惣も綿織物業を続けることが難しくなり、地元の内田工場を軍隊に必要な無線を作る会社に売り払い、和歌山市内の工場も空襲で失ってしまいました。

久保惣第2工場　昭和8年（1933）に完成した

● 戦後の復興から衰退

　太平洋戦争が終わった昭和20年（1945）の9月、久保惣は岸和田市内の工場で生産を再開し、昭和23年（1948）には内田工場を買い戻しました。さらに、朝鮮戦争（1950-1953休戦）をうけた好景気（朝鮮特需）では新しい事業を次つぎと起こし、1950年代後半〜1960年代前半には、生産の最盛期を迎えました。

　ところが、石油製品の普及、安い価格の海外製品の流入、日本とアメリカの貿易摩擦、オイルショックなどの影響を受け、久保惣の売り上げは減少していきました。そして、昭和52年（1977）に起こった内田第一工場の火災を機に、久保惣は綿織物業を廃業しました。

● 久保惣記念美術館の誕生

　三代目の久保惣太郎（1926-1984）は、地元への恩返しの気持ちを込めて、久保家が集めた美術品と久保家の土地と資金を、和泉市に寄贈したいと考えました。こうして昭和57年（1982）10月に、久保惣株式会社と久保家の寄贈により、和泉市久保惣記念美術館が開館しました。ここには今も、地元の発展を支えた久保惣の歴史が、大切に記憶されています。

和泉市久保惣記念美術館
開館40周年記念碑　令和4年（2022）
10月25日に除幕式が行われた。

和泉市久保惣記念美術館

和泉市久保惣記念美術館（内田町）は、日本や中国で制作された絵画・書・工芸品を中心とする約1万1000点の美術品を所蔵しています。現在は、本館、新館、和泉市久保惣市民ギャラリー、和泉市久保惣市民ホール（Eiホール）、茶室、和泉市久保惣市民創作教室、研究棟が建てられています。

和泉市久保惣記念美術館　新館入口

茶室とその庭園は、国の登録文化財に選ばれています。茶室を構成する惣庵と聴泉亭は、昭和12年（1937）に茶道の家元である京都・表千家の茶室、不審菴と残月亭を再現したものです。

登録有形文化財　聴泉亭（和泉市久保惣記念美術館）

参考

不審菴（京都市・表千家）（表千家不審菴提供）

登録有形文化財　惣庵（和泉市久保惣記念美術館）

国宝 歌仙歌合（最初の部分）縦26.2cm×横446.0cm
（和泉市久保惣記念美術館所蔵）

● 歌仙歌合

　平安時代に制作されました。歌仙とは和歌に優れた歌人のことで、歌合とは歌人が左右に分かれて和歌を発表し、どちらの和歌が優れているかを競う遊びのことです。

　歌仙歌合は柿本人麻呂や紀貫之など、10世紀から11世紀前半の歌人30人が発表した和歌130首が載せられています。鳥の子紙という光沢のある和紙には、紫と藍色に染めた繊維が漉き込まれています。文字は連綿体という書き方で書かれており、墨の色には濃淡がみられます。

● 青磁 鳳凰耳花生 銘万声

　中国大陸で南宋の時代（西暦1127-1279）に、龍泉窯という産地で制作されました。

　中国大陸から日本にもたらされてからは、江戸幕府三代目の将軍徳川家光（1604-1651）から後水尾天皇の皇后東福門院（1607-1678）へと伝えられ、さらに後西天皇（1638-1685）の皇子公弁法親王（1669-1716）へと伝えられました。

　「万声」という銘（作品名）は、後西天皇が付けたものです。この作品は、釉薬と下地の粘土によって、淡く美しい青緑色をしています。

国宝 青磁 鳳凰耳花生 銘万声
高さ30.8cm 口径10.8cm
（和泉市久保惣記念美術館所蔵）

春木川村・久井村山論絵図

文政4年（1821）春木川村・久井村山論絵図　紙本著色　縦85.7cm×横217.7cm（和泉市教育委員会所蔵）

　松尾川の上流は、山や丘陵が広がる自然豊かなところです。ここには、江戸時代からの村の歴史を引き継ぐ、春木川町、若樫町、久井町、春木町があります。近年では、ゴルフ場やテクノステージ和泉などの開発が進められていますが、現在でも山村のおもかげが残されています。

　この絵図には、江戸時代終わりころの文政4年（1821）の年号が記されています。春木川村と久井村との間で、どちらの村が山を支配するかの争いが起こった際に、作成されました。

　二つの村がもつ山は色によって描き分けられています。このカラフルな絵図からは、当時の家、田、畑の位置が分かります。

　令和4年（2022）には、文化財を専門的に扱う技術者によって、修理が行われました。

膠を用いて、絵の具が落ちないようにする作業

はがれた紙をつなぐ作業（株式会社　修美提供）

池田谷を中心とする地域

禅寂寺
（坂本寺跡）

郷荘神社

目塚古墳
目塚之碑

高橋家住宅

北池田小学校

明王院
（池田寺跡）

文

いぶき野小学校

文 文

北池田中学校

万町北遺跡

槇尾川

松尾川

和泉中央駅

森光寺

契沖養寿庵跡

妙楽寺

天受院

シティプラザ図書館

文

石尾中学校

桃山学院大学

いずみの国歴史館

宮ノ上公園

南池田中学校

文

文

久保惣記念美術館

文

和泉シティプラザ（いぶき野）

文

松尾寺

大夫池

国学発祥之地石碑（石尾中学校正門前・万町）

和泉市文化財 TV
https://izbun.jp/

和泉史跡空中散策 光明池編 VTR

光明池駅

朝鮮人労働者の慰霊碑

光明池

光明池緑地

光明台中学校

文

光明台北小学校

文

光明台南小学校

文

開
春日神社

文
南池田小学校

梨本池　谷山池

和泉リサイクル
環境公園

卍
羅漢寺

卍
国分寺

和泉市指定文化財
天受院（万町）でみつかった市内最古の
仏像（銅造如来立像・飛鳥時代）

国分寺（国分町）

古墳時代の大工場 !?
―泉北丘陵の須恵器生産

現在の和泉市・堺市・大阪狭山市に広がる、東西約11km、南北約9kmの範囲では、古墳時代から平安時代までの約500年もの間、須恵器が生産されました。この須恵器の生産地は、泉北丘陵窯跡群（陶邑窯跡群）とよばれています。和泉市では、光明池、谷山池、大野池の周辺で、たくさんの窯跡がみつかりました。

● 須恵器生産の始まり

須恵器は、ロクロを使って形を整え、斜面を利用した登り窯で焼き上げた土器です。硬く密度が高いため、水をもらさないなどの利点がありました。そのため須恵器は、食料の貯蔵にも用いられました。

須恵器を作る技術は、5世紀初めに朝鮮半島から和泉地方へ伝えられました。

このころ河内平野では、大型の前方後円墳が造られ始めていました。須恵器を作る

6世紀の信太姫塚古墳から出土した須恵器
（和泉市教育委員会所蔵）

技術は、鉄器や玉（装飾品）などの手工業製品を作る技術とともに伝えられました。

● 自然への影響

登り窯の復元想像図

須恵器を焼くためには、燃料となる薪を森林から伐採しなければなりません。そのため窯の周辺では、自然環境の変化が起こりました。『日本三代実録』という記録によると、貞観元年（859）には、和泉国と河内国との間で、薪を伐採する山をめぐる争いが起きています。

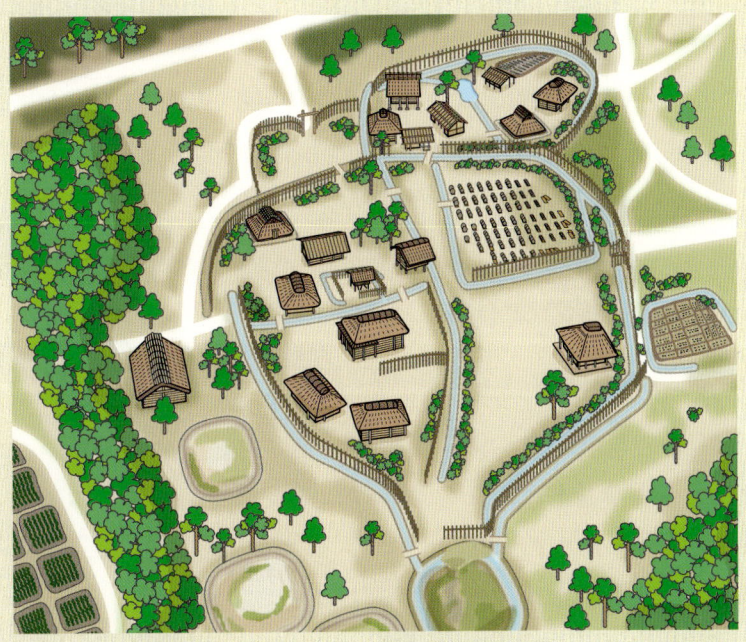

万町北遺跡にあった集落の復元想像図

　北池田中学校（いぶき野三丁目）の近くにある万町北遺跡からは、不良品として捨てられたとみられる須恵器や加工途中の須恵器の硯がみつかりました。このことから、奈良時代に、ここにあった集落は、槇尾川の水運を利用した須恵器の流通にかかわる集落であったと考えられています。

● 須恵器生産の歩み

　5世紀中ごろから6世紀前半の和泉地方では、次つぎと新しい窯が作られました。このころの須恵器は、古墳の儀式などで用いられました。古墳の築造が近畿地方から全国へと広がるにつれて、須恵器の利用も全国へと広がりました。

　ところが7世紀には、朝廷が古墳を造ることを禁止したため、須恵器の需要も少なくなりました。各地の豪族は、古墳ではなく、仏教の寺院を建てることで死者をまつり、また自らの権力を人びとに示しました。このころになると、須恵器は仏教の儀式で用いる仏具としても作られました。寺院の屋根には瓦が葺かれたため、須恵器を生産した窯で瓦が生産されることもありました。

　8世紀には、朝廷に仕える人びと（官人）の食器として、大きさを統一した須恵器が生産されました。しかし、製作に手間のかかる須恵器は、簡単に焼き上げた土師器とよばれる焼き物の需要に押されたこともあり、次第に生産されなくなりました。

2 大きなお寺を建てよう！
─三つの古代寺院

　仏教が日本に伝わった飛鳥時代には、各地の豪族が寺院（氏寺）を建立しました。そして、奈良時代には、聖武天皇の願いによって朝廷が全国に国分寺を建立しました。市域の池田谷でも、これらの古代寺院が建立されました。

● 仏教の伝来と飛鳥の文化

　日本に仏教が伝来したのは6世紀のこと。そのころ、政治の中心地であった飛鳥（奈良県高市郡明日香村）では、日本で初めての本格的な寺院となる法興寺が建立されました。

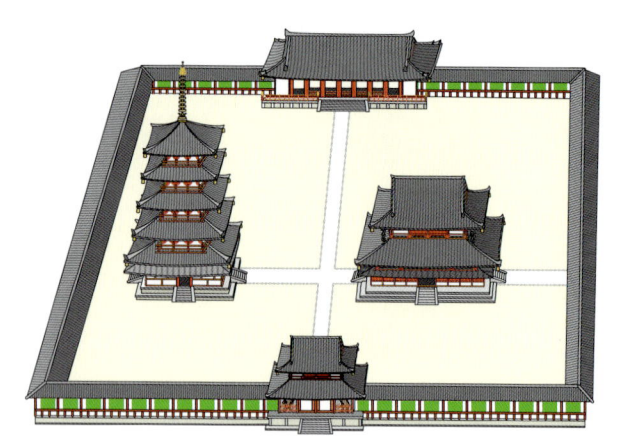

古代寺院の想像図

　この法興寺を建立したのが有力豪族の蘇我氏であったように、各地の豪族は古墳にかわる権威の象徴として、寺院（氏寺）を建立しました。

● 市域にある古代の氏寺
─坂本寺と池田寺

　7世紀に朝廷で活躍した豪族坂本氏は坂本寺を建立しました。また、槇尾川右岸で活動した豪族池田氏は池田寺を建立しました。

　坂本寺跡（阪本町）と池田寺跡（池田下町中村）からは、蘇我氏の拠点のあった軽寺跡（奈良県橿原市大軽町）のものと同じ形の瓦がみつかっています。ここから、蘇我氏の影響力の大きさが分かります。

坂本寺跡でみつかった素弁八葉蓮華文軒丸瓦
（和泉市教育委員会所蔵）

　なお、この形の瓦は、須恵器を生産した泉北丘陵窯跡群（陶邑窯跡群）からもみつかっており、生産地を知ることができます。

池田寺跡でみつかった単弁八葉蓮華文軒丸瓦
（大阪府教育委員会所蔵）

● その後の坂本寺と池田寺

　坂本寺の跡地には、江戸時代に禅寂寺が建立されました。池田寺では、いくつかの子院が存在しましたが、江戸時代の初めころには、明王院だけが残りました。明王院は、阿弥陀如来の絵像を村から村へとリレーのように渡して念仏を唱える、大念仏廻在という行事の拠点となりました。

阿弥陀如来絵像（天得如来）
江戸時代後期（明王院所蔵）
（鎌倉時代から南北朝時代の作品とする説あり）
縦108.0cm×横40.8cm

● 和泉国の国分寺 —安楽寺

　朝廷は平安時代の承和6年（839）に、和泉郡の安楽寺を和泉国の国分寺としましたが、その後の安楽寺の歴史は、記録が少ないため、詳しいことはよく分かりません。しかし、江戸時代から国分寺とよばれる寺院（国分町）の近くには、「千人風呂」とよばれる土地があり、直径30cm以上もある、古代に伐採されたコウヤマキという樹木から作られた柱がみつかっています。ここには、風呂などの寺院にまつわる建物があったのかも知れません。

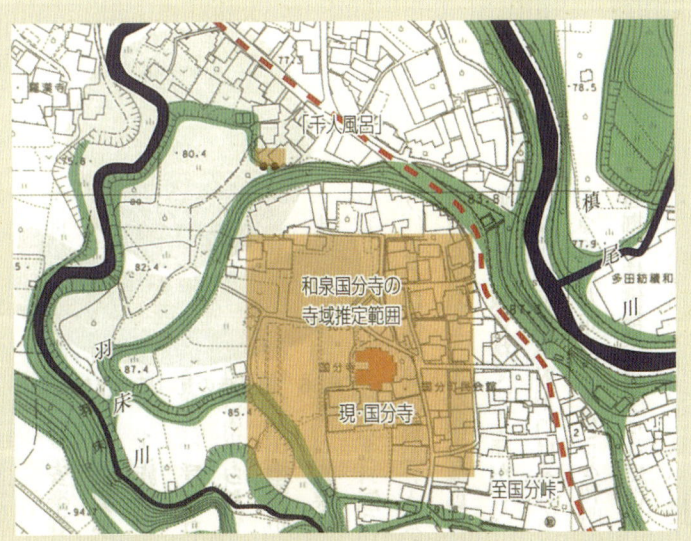

現在の国分寺と千人風呂の位置

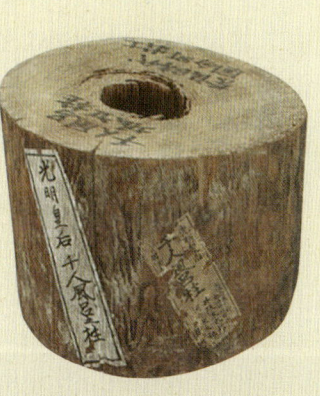

千人風呂でみつかった柱
（羅漢寺所蔵）

3 お坊さん、ため池を造る
—箕田村の刀禰僧頼弁と大夫池

　和泉市内には、古くから多くのため池があり、農業に欠かせない水を供給してきました。松尾寺に残された古文書からは、鎌倉時代にどのような人がため池を造ったのかが記されています。

● 頼弁の活動

　松尾寺に残された永仁2年（1294）の古文書は、松尾寺と箕田村（鍛治屋町・浦田町・万町の周辺か）の住民が、松尾寺の山を切り開いて、ため池を作り、新しく開発した田から税（年貢）を集め、比叡山延暦寺の儀式を松尾寺で行うと定めたもので

す。この古文書の左下には6名の署名があり、その最後には刀禰僧頼弁の署名があります。鎌倉時代の頼弁は、平安時代の覚超のように、比叡山で勉強した知識を地元の人びとに伝えたのでしょう（関連 pp.42-43）。

　なお、刀禰とは中世における村のリーダーのことです。和泉市に残された古文書からは、唐国村（唐国町）や黒鳥村（黒鳥町）にも刀禰のいたことが分かっています（関連 pp.64-65, 116-117）

● 大夫池の現在

　梨本池（鍛治屋町）の南には、梨本上池とよばれるため池があります。この池は大夫池ともよばれており、今から700年以上も昔に頼弁が造ったため池は、この池であったと考えられています。

現在の大夫池（鍛治屋町）　令和4年（2022）撮影

松尾寺与池田庄上方箕田村沙汰人名主百姓等契約

（松尾寺文書の本文画像）

大阪府指定文化財　永仁2年（1294）正月18日　松尾寺与池田庄上方箕田村沙汰人名主百姓等契状
（松尾寺文書）　縦34.4cm×横51.6cm

（現代語訳）

松尾寺と池田庄上方箕田村の村役人・百姓が結ぶ約束のこと

承元年間（西暦一二〇七〜一二一一年）に梨子本池を開発し、川より西側に水田を作って稲作をしていたが、梨子本池の水だけでは不足するので、毎年干害が起こって稲が育たない。そのため、松尾寺の山林や荒地をもらって、そこに新しいため池を作り、その池の水を田に入れて、新しく開発した三町の広さの田を松尾寺に寄進する。その田で集めた税を松尾寺で行い、比叡山の東塔北谷に伝わる荘厳講という儀式を松尾寺に寄進する三町の田については、いつまでも変わることがあってはならない。もしこの契約に違反したならば、ため池の水をせき止めて、田に流さないようにする。その時になって、公家や武家の権力のある人たちに、訴え出てはいけない。松尾寺と住民は、水と魚のように仲良くして、今後とも約束を守らなければならない。

永仁二年一月十八日

僧　　良祐（花押）
沙弥　正蓮（花押）
沙弥　妙法（花押）
沙弥　慈仏（花押）
沙弥　阿念（花押）
刀禰僧　頼弁（花押）

> 花押とは、
> サインのことだよ

4 みんなの記録を残すために
—江戸時代の庄屋と村

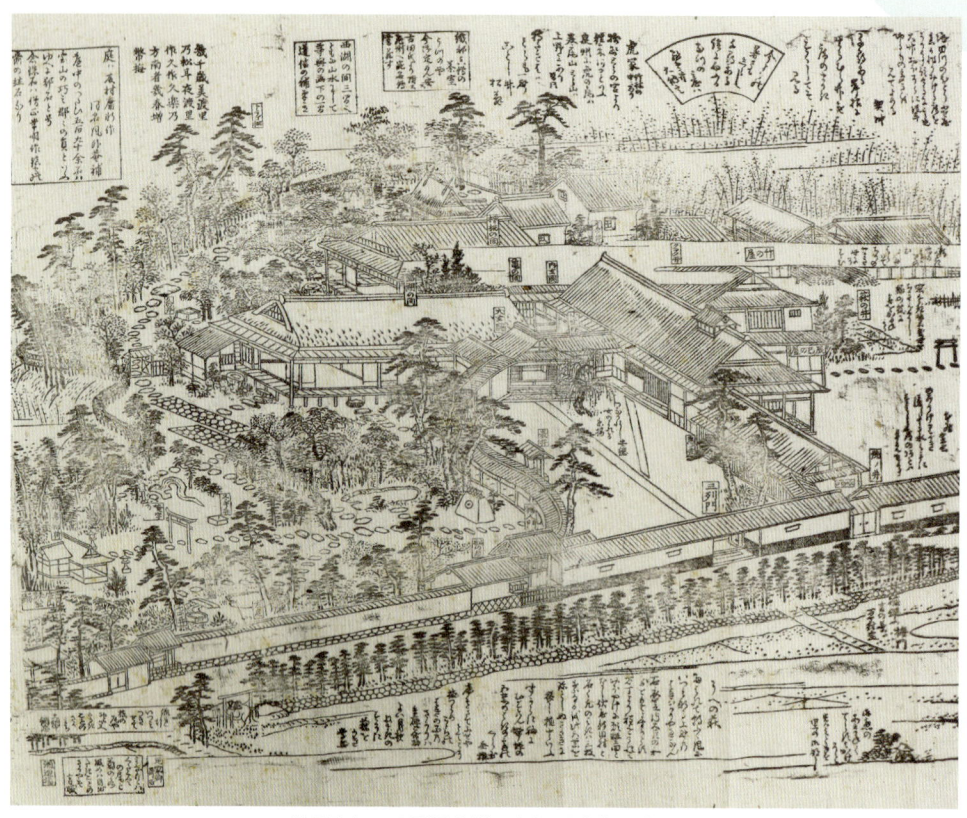

伏屋家とその周辺を描いた江戸時代の絵図
和泉国池田郷万町 伏屋氏或作布施家 囲内 契沖法師寓庵幣垣舎図 （小林家所蔵）

❶ 万町村の伏屋長左衛門家

● 伏屋長左衛門家の歴史

　伏屋長左衛門家は17世紀の中ごろから江戸時代を通じて万町村（万町）など複数の村をまとめる大庄屋をつとめた家で、その当主は代だい「長左衛門」を名乗りました。

　裕福だった長左衛門家は、文化にも大きな関心を示しました。17世紀後半の当主であった重賢は、俳諧（おもしろい歌を数人でつなげる文学）をたしなみ、延宝2年（1674）には、俳諧の師匠である西山宗因と高野山に参詣しました。

　そのころ、僧侶の契沖（1640-1701）は、久井村（久井町）の辻森家から万町村の長左衛門家に移り、延宝6年（1678）ころまで、ここで日本や中国の古い書物を研究しました。のちに契沖は、国学を始めた学者として尊敬されました。

江戸時代に村の年貢を取りまとめた庄屋は、様ざまな活動を行っていました。
ここでは万町村の伏屋長左衛門家と池田下村の高橋家を紹介します。

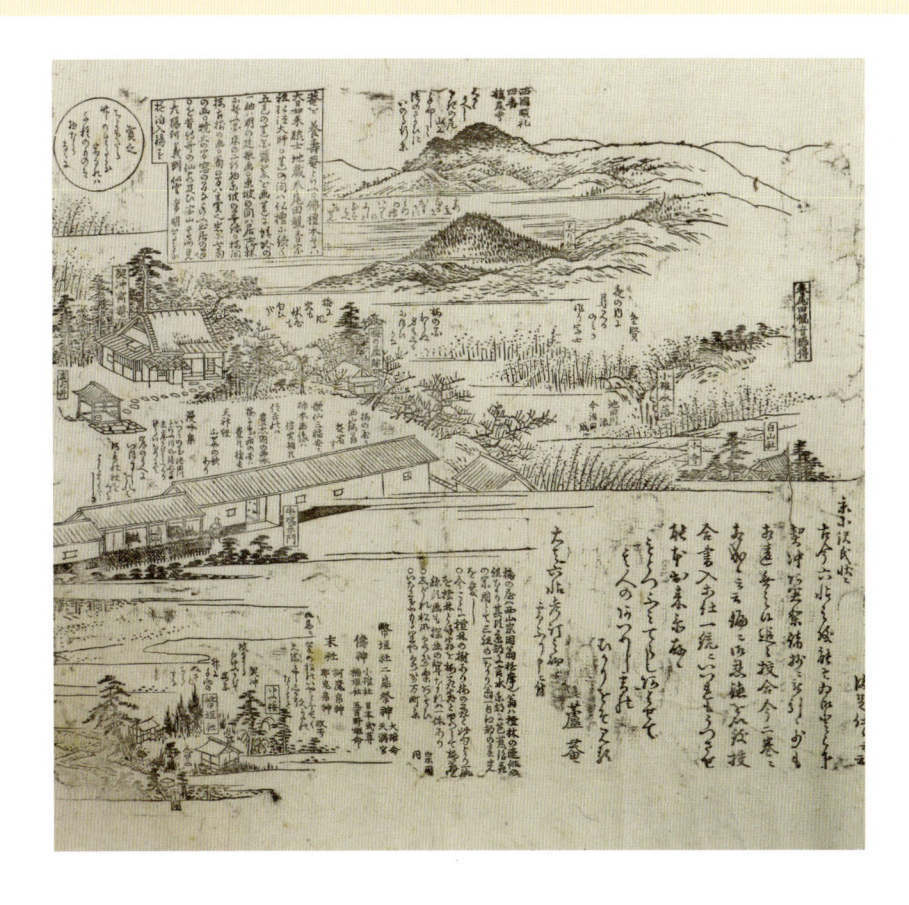

● 伏屋新田・坂本新田

　長左衛門家は、宝永6年（1709）に池田下村の土地を切り開いて、伏屋新田（伏屋町）を開発しました。

　長左衛門家は、坂本新田（東阪本町）の開発にもかかわり、開発の途中で発見した古墳を「目塚」と名付け、「目塚之碑」と書いた石碑を建てました。この「目塚之碑」には、目の病気を治す効果があると信じられました。

和泉市指定文化財　目塚之碑（東阪本町内会所蔵）
安永5年（1776）

●『俗邑録』の内容

　18世紀末から19世紀初頭に長左衛門家の当主であった政芳は、大永3年（1523）から文久2年（1862）までの長左衛門家や万町村に伝わる古文書を書き写して、『俗邑録』という村の歴史書を作りました。

　そのころ万町村では、100年以上も村のリーダーであった長左衛門家の力を

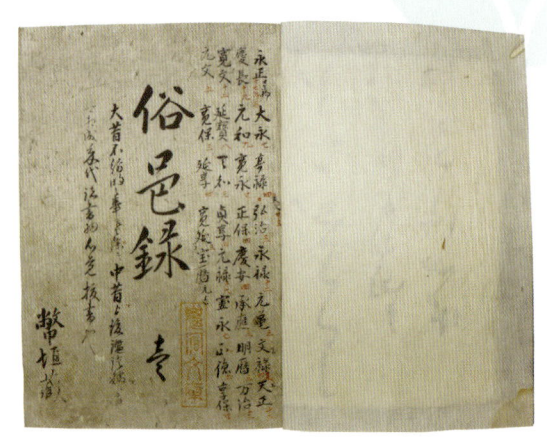

『俗邑録』（大阪歴史博物館所蔵）

おさえて、座という年齢順のグループで村を運営するべきと主張する人びとが現れました。政芳はこのような状況で、自分の家と村の歴史を知ろうとしたのでしょうか。

● みつかった「座箱」

　『俗邑録』には寛政12年（1800）に座の文書を入れる箱がいっぱいになったので、新しく二つ目の箱を作ったと記されています。

　平成29年（2017）に天受院（万町）という寺院から、「座箱」と書かれた同じ大きさの木箱が2つみつかりました。2つの木箱には、江戸時代に万町村の座を運営するのに必要だった文書が入っていました。この箱こそ、『俗邑録』に記された箱だったのです。

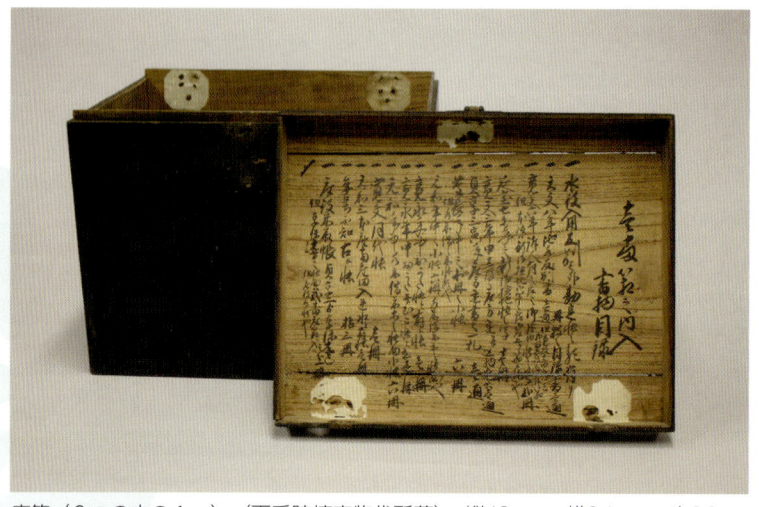

座箱（2つの内の1つ）（天受院檀家惣代所蔵）　縦43cm ×横34cm ×高36cm

● 高橋家の歴史

　高橋家に残る系図には、寿永2年（1183）に平氏の一族であった高橋吉永という人物が、和泉国に移住したと記されています。

　その後、高橋氏は在地領主（土地の開発を進める武士）となり、のち

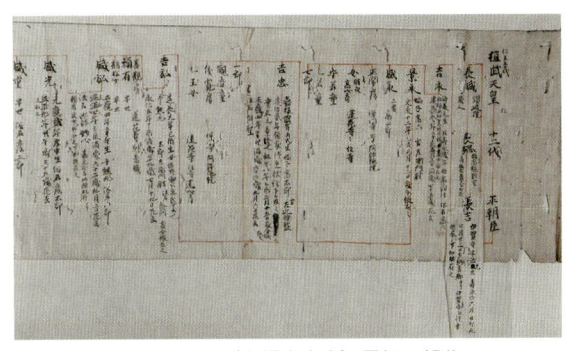

高橋家系図（高橋家文書）最初の部分

には織田信長や豊臣秀吉の軍勢で活動したようです。江戸時代には武士をやめて百姓の身分となり、池田下村と周辺の村をまとめる大庄屋をつとめました。

● 高橋家住宅

　母屋は、茅葺きの屋根に入母屋造という構造で、17世紀中ごろよりも前に建てられたようです。また、江戸時代には、村の百姓から集めた年貢を保管する「郷蔵屋敷」や年貢を計算する広場などがありました。

　このような高橋家住宅には、歴史的な価値が認められることから、国の重要文化財に指定されています（関連p.89）。

重要文化財 高橋家住宅（池田下町）

5 命がけの大工事

―光明池の誕生

光明池は大阪府で最も大きな貯水量（約370万トン）をほこるため池です。この巨大なため池は、どのように建設されたのでしょうか。

● 光明池築造の計画

池田下村（池田下町）から江戸時代に開発された坂本新田（東阪本町）にかけては、槇尾川の水を取り入れることが難しく、さらに、信太山丘陵を越えた平野部においても、人びとは干害に悩まされていました。大正14年（1925）には、大規模なため池を建設し、農業に必要な水を供給する計画が立てられました。

光明池につながる水路工事の様子（光明池土地改良区所蔵）
昭和9年（1934）3月撮影

● 築造工事にたずさわった人びと

昭和3年（1928）には光明池を建設する泉北耕地整理組合が結成され、昭和8年（1933）には大阪府による工事が始まりました。

昭和11年（1936）には本堤防が完成しましたが、すべての工事が完成したのは、終戦後の昭和23年（1948）のことでした。

光明池の築造工事には、300人近い朝鮮人が従事しました。現在、光明池の本堤防の脇には、工事で亡くなった朝鮮人労働者の慰霊碑が建てられています。

朝鮮人労働者の慰霊碑（室堂町）

光明池本堤防工事の様子（光明池土地改良区所蔵）　昭和10年（1935）3月撮影

● 光明池の現在

　和泉市に供給される水道水のうち約20％の水は、光明池から取り入れた水を和田浄水場で浄水処理したものです。

　かつて農業用水を確保するために建設された光明池は、耕地面積が減少した現在でも、農業用水や水道水などの水資源を供給する大きな役割を果たしています。

光明池　平成23年（2011）撮影

谷山池と一之井用水

和泉市文化財 TV
https://izbun.jp/

和泉史跡空中散策 谷山池と梨本池編 VTR

谷山池と周辺の池　平成23年（2011）撮影

　納花町にある谷山池は、和泉市ではやや南寄りの丘陵の上にあるため池です。谷山池は、鎌倉時代に東大寺の大仏殿を再建した重源（1121-1206）が造ったとの伝説もあります。谷山池のとなりにある梨本池は、「松尾寺文書」（関連 p.81）より承元年間（1207-1211）には存在していたと考えられることから、谷山池もまたこのころには造られていたと考えられます。

　谷山池の水は、浦田町と三林町の間を流れて、いったん槇尾川の水と合流し、槇尾川から取り入れられて、かんがい用水として用いられます。

　江戸時代には、一之井（池田下村）、太田井（坂本村・今在家村）、国府河頭井（黒鳥村・府中村）、久保津戸井（観音寺村・今福村・寺門村・和気村）、東風川井（桑原村）、桑畑井（府中村）の6つのグループが谷山池を管理しました。

重源は桑原町で生まれたという伝説もあるよ。ほかにどんな伝説があるのかな？

西福寺（桑原町）の俊乗堂

江戸時代に谷山池の水を引いた地域　平成23年（2011）撮影

室堂町を流れる一之井用水
令和4年（2022）撮影

　現在、谷山池は府中町の地番となっています。じつは江戸時代から、谷山池は府中村の飛び地とされていました。このことは、谷山池の水が平野部の田に必要とされたことをよく示しています。

　池田下町の高橋家住宅の前には、一之井の分水点があります。高橋家住宅は、池田下村の開発拠点に位置していたことが分かります（関連 p.85）。

高橋家住宅と水路の位置
池田下村絵図（高橋家文書）　部分
江戸時代　全体は2.25m×横3.40m

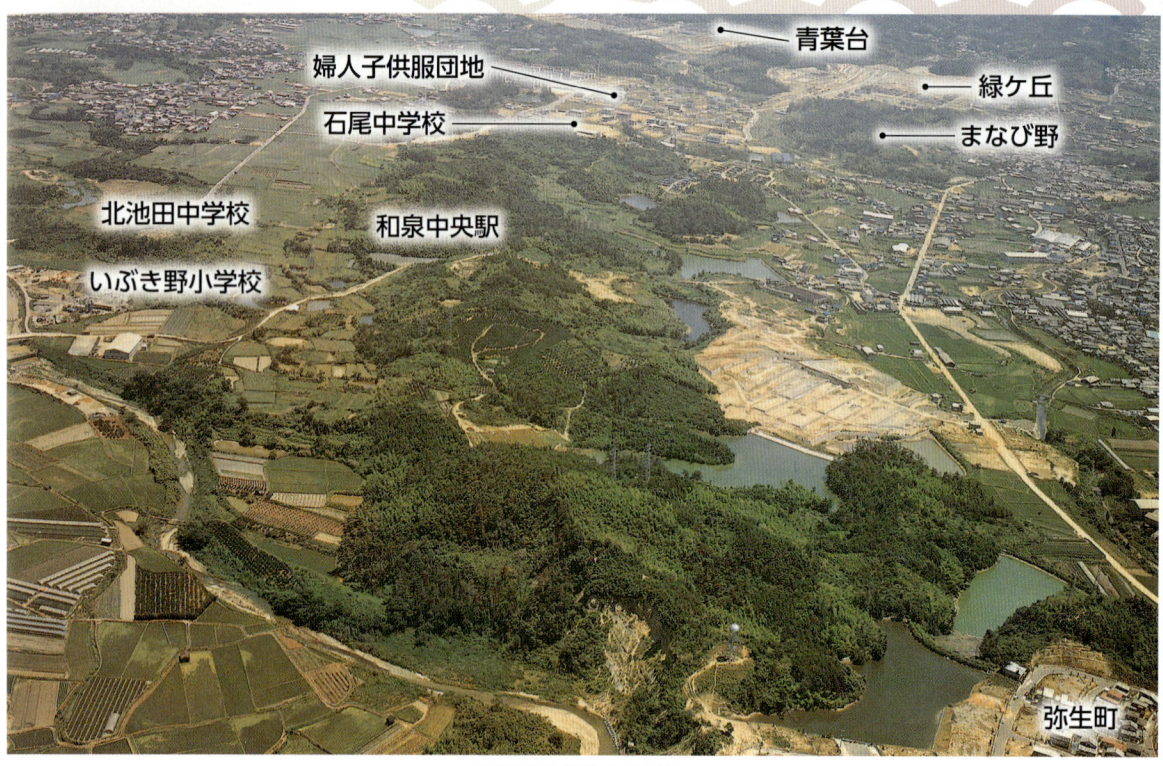

青葉台
緑ケ丘
まなび野
婦人子供服団地
石尾中学校
北池田中学校
和泉中央駅
いぶき野小学校
弥生町

開発前の和泉中央丘陵

　1980年代に撮影された上の写真では、開発前の和泉中央丘陵の姿が見えます。1970年代に開発された婦人子供服団地（のぞみ野一丁目〜三丁目）、青葉台、緑ケ丘は確認できますが、後にトリヴェール和泉や和泉中央駅ができるあたりは、まだ樹木でおおわれています。

　平成4年（1992）に撮影された右の写真では、和泉中央丘陵が造成され、完成したいぶき野小学校や北池田中学校の校舎が見えます。この年、この二つの学校は開校し、いぶき野の街びらき式が行われました。

北池田中学校

いぶき野小学校

平成4年（1992）の北池田中学校といぶき野小学校

第四章

信太山を中心とした地域の歴史

信太森神社（葛葉稲荷神社・葛の葉町）
和泉市指定文化財　葛の葉稲荷のクス

堺泉北有料道路

池上曽根遺跡

信太貝吹山古墳
信太森神社
北信太駅

富秋中学校　文

篠田王子跡

池上曽根弥生学習館

佐竹ガラス

池上小学校　文

池上曽根史跡公園

後鳥羽院
歌碑　西教寺

池上曽根弥生情報館

信太山駅

幸小学校　文

平松王子跡

大阪府立弥生文化博物館

人権文化センター図書室
（にじのとしょかん）

伯太藩陣屋跡

JR阪和線

陸上自衛隊信太山駐屯地

文

和泉中学校　文　文

篠田王子跡（王子町）

和泉府中駅

泉井上神社

フチュール和泉
和泉図書館

黒鳥天満宮
天神社

和泉市役所　文

井ノ口王子跡

槇尾川

和泉市立総合
医療センター　文

井ノ口王子跡（井ノ口町）

松尾川

大園遺跡

和泉黄金塚古墳 ○

信太寺跡 ○

鶴山台北小学校

文

○ 📖 北部リージョンセンター図書室

文　文

信太中学校

信太小学校

信太の森ふるさと館

○　鏡池

文

聖神社

鶴山台南小学校

大野池

惣ヶ池遺跡

○ 信太山丘陵里山自然公園

○　惣ヶ池

丸笠山古墳

卍

蔭涼寺

陸上自衛隊
信太山演習場

○ 信太山忠霊塔

黒鳥山公園

禅寂寺
（坂本寺跡）

卍　卐

郷荘神社

○ 目塚古墳
目塚之碑

216

北部リージョンセンター（太町）

人権文化センター（伯太町）

和泉市文化財 TV
https://izbun.jp/

和泉史跡空中散策 黒鳥山公園 桜編 VTR

1 発掘された巨大建物
一池上曽根遺跡と復元建物

　史跡池上曽根遺跡は、弥生時代の集落遺跡として全国に知られています。和泉市を代表するこの遺跡では、どのような発見があったのでしょうか。

● 池上曽根遺跡のかたち

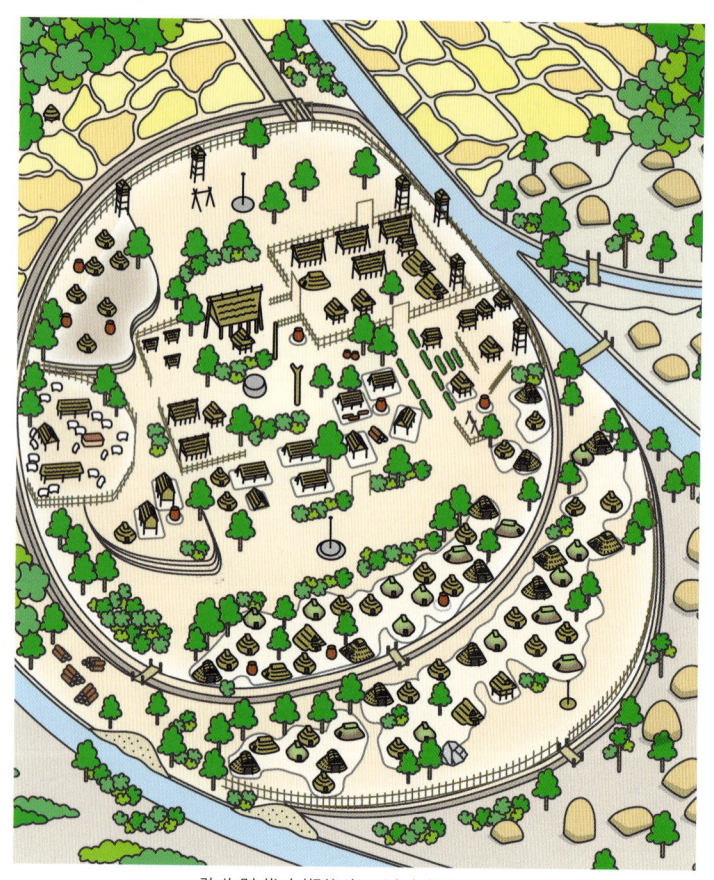

弥生時代中期後半の池上曽根遺跡

　池上曽根遺跡（和泉市池上町・泉大津市曽根町）は、今から約2200年前～2000年前（弥生時代中期後半）に最も繁栄した、弥生時代の集落遺跡です。そのころ、集落の規模は、南北450m、東西320m、面積は11万㎡にも達しました。

　集落は首長（リーダー）の住居を中心にして、祭祀のための空間、石包丁などの様ざまな道具を作る工房、一般の住居が広がっており、700～1000人ほどの人びとが生活していたと考えられています。その周囲には、二重の堀がめぐらされ、さらにその外側には墓地がありました。このように、堀で囲まれた集落は、環濠集落とよばれます。

● 池上曽根遺跡の出土品

この環濠集落からは、弥生時代の人びとが使った様ざまな道具がみつかりました。

木で作られた鋤（すき）は、人びとが水田で稲を育てたことを示しています。

大阪府指定文化財　池上曽根遺跡出土木器
木製鋤（大阪府教育委員会所蔵）

イイダコ壺（つぼ）は、人びとが海で食料を得ていたことを示しています。

イイダコ壺（和泉市教育委員会所蔵）
ひとつあたり　高さ：9〜10cm 程度
　　　　　　　口径：4.5〜5cm 程度

池上曽根遺跡からは、多くの石包丁が出土しています。これらの石包丁のほとんどは、遠く紀ノ川（きのかわ）（和歌山県）下流域から運ばれた緑泥片岩（りょくでいへんがん）で作られています。

石包丁（和泉市教育委員会所蔵）

翡翠（ひすい）で作られた勾玉（まがたま）は、弥生時代の出土品としては日本国内で最も重いものです。

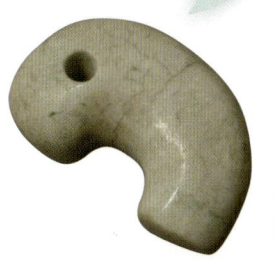

長さ：6.3cm
重さ：120g

翡翠製勾玉（ひすいせいまがたま）（大阪府教育委員会所蔵）

この勾玉は、どんな人が持っていたのかな？

大型井戸　　　　大型建物の柱がみつかった穴

大型建物と大型井戸の発掘風景

● 大型建物と大型井戸

　平成6年（1994）、環濠集落（かんごうしゅうらく）の中央部から、約2000年前（弥生時代中期後半（やよい））に建てられた大型建物の跡（あと）がみつかりました。東西約19m・南北約7mの大きさをもち、弥生時代の日本列島に存在（そんざい）した建物としては、非常に大きなものです。その南側からは、直径2m以上のクスノキをくりぬいて作られた大型井戸の枠（わく）も出土しました。

大型井戸がみつかった時の様子

● 年輪による年代測定

　大型建物の柱があった穴（あな）からは、建物を支えたヒノキの柱の一部がみつかりました。その年輪を調べたところ、紀元前52年に伐採（ばっさい）されたヒノキであったことが分かりました。

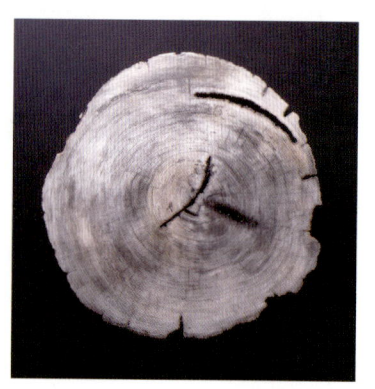

大型建物に使われた柱の断面
（和泉市教育委員会所蔵）

復元された大型井戸（左）と大型建物（右）

● 復元された「いずみの高殿」と「やよいの大井戸」

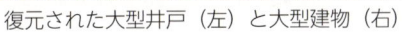

　大型建物と大型井戸は、平成11年（1999）に復元されました。それぞれ「いずみの高殿」と「やよいの大井戸」とよばれています（関連 p.137）。

　大型建物が復元される時は、建物が描かれた土器のかけらが参考にされました。この土器のかけらには、建物を支える柱が描かれています。

建物を描いた土器のかけら（和泉市教育委員会所蔵）

大型建物と大型井戸は、何のために造られたのかな？

2 卑弥呼の鏡、発見か!?
─和泉黄金塚古墳と景初三年銘鏡

卑弥呼は、歴史の教科書で最初に登場する人物の一人です。和泉市でも卑弥呼の歴史にまつわるものが発掘されています。一体どのようなものなのでしょうか。

国史跡 和泉黄金塚古墳

● 和泉黄金塚古墳

和泉黄金塚古墳（上代町）は、4世紀後半ごろに造られた前方後円墳です。墳丘の長さは約94mあります。完成した時には、表面に大人のこぶし大の川原石が敷き詰められており、様ざまな形の埴輪が並べられていたようです。

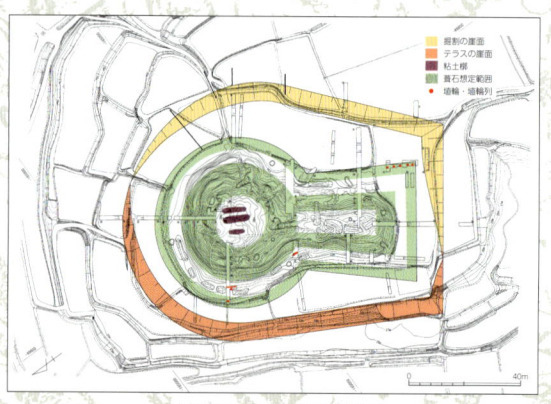

和泉黄金塚古墳の測量図

その後、長い歴史のなかで、人びとはこの古墳のまわりに棚田を造ったため、現在のような階段状の形となりました。

太平洋戦争の時には、陸軍が訓練用の塹壕（敵から隠れるみぞ）を掘ったため、一部は破壊されてしまいました。そのころ旧制中学校の生徒だった森浩一（1928-2013）は、塹壕から管玉や鉄剣を見つけて、発掘のきっかけを作りました。森浩一は、のちに日本を代表する考古学者となりました（関連 p.28）。

実際の
大きさ

直径：23.3cm
厚み：1.0cm（縁の部分）
重さ：1513g
材質：青銅
（東京国立博物館による）

重要文化財 景初三年銘画文帯同向式神獣鏡
東京国立博物館所蔵　Image：TNM Image Archives

● 卑弥呼がもらった鏡？

　中国大陸の書物『三国志』魏書東夷伝倭人条には、景初3年（239）に中国大陸の魏王朝の皇帝が、日本列島にあった国の一つ邪馬台国の女王である卑弥呼に「親魏倭王」の称号と銅鏡100枚を与えたと記されています。

　おどろくことに、和泉黄金塚古墳からは、「景初三年」の文字が刻まれた青銅鏡（景初三年銘画文帯同向式神獣鏡）がみつかりました。ということは、和泉黄金塚古墳は卑弥呼のお墓か、と考えたくなります。

　しかし、和泉黄金塚古墳は、みつかった埴輪や死者とともに古墳におさめられた副葬品などの特徴から、景初3年（239）から約150年もあとに造られたようです。いずれにせよ、和泉黄金塚古墳と卑弥呼に、直接の関係はないようです。

こがねの
ふるさと
だよー

3 熊野をめざして歩こう！
―熊野街道と中世の信仰

和泉国を通過する熊野街道（小栗街道）は、どこからどこにつながっているのでしょうか。先人の踏みしめた道をたどってみましょう。

熊野参詣の想像図

● 熊野参詣の始まり

平安時代の終わりから鎌倉時代にかけて、天皇の位を退いた上皇（太政天皇のこと、出家した場合は法皇）は、多くの人びとを連れて、住まいの京都から熊野三山（現在の熊野本宮大社・熊野速玉大社・熊野那智大社）へ参詣の旅に出ました。参詣に用いられた道は、熊野街道とよばれ、その一部は、現在は世界文化遺産「紀伊山地の霊場と参詣道」を構成しています。

参考

重要文化財 熊野本宮大社　本殿3棟
（和歌山県・熊野本宮大社提供）

● 九十九王子

　大阪市中央区には、坐摩神社のお祭で神輿が立ち寄る神社があります。ここにはかつて、窪津王子という小さな神社があったと伝えられています。王子とは熊野三山の祭神に従う神がみのことです。かつて窪津王子から熊野本宮大社までの熊野街道には、九十九王子とよばれる100近くの小さな神社があったようです。

● 和泉市内に残る「王子」

後鳥羽上皇の歌碑（幸三丁目）

　和泉市域には、かつて篠田王子、平松王子、井ノ口王子の三つの王子があり、現在ではその跡地を示す石碑が建てられています。

　幸 三丁目には、後鳥羽上皇が平松王子をよんだ和歌「平松は　また雲ふかく　立ちにけり　あけ行く鐘ハ　なにはわたりか」の歌碑が建てられています。後鳥羽上皇は28回もの熊野参詣を行いました。

　鎌倉時代の歌人藤原定家は、建仁元年（1201）に後鳥羽上皇の熊野参詣に参加しました。定家が書き残した日記には、後鳥羽上皇たちが平松王子で舞を奉納し、和泉国の国司（国の長官）がつくった御所に宿泊したと記録されています。

● 熊野街道から小栗街道へ

　戦国時代から江戸時代にかけて、説経節とよばれる芸能が人気を集めました。演目の一つである「小栗判官」では、病気の主人公小栗を熊野の温泉で治療させるため、熊野街道沿いの人びとが、小栗を乗せた車を引っ張っています。これにちなみ熊野街道は、小栗街道ともよばれています（関連 p.16）。

熊野へ向かう小栗

4 信太山丘陵と人びとの生活
一信太山丘陵の絵図

和泉市の北部に位置する信太山丘陵には、いくつものため池が造られたため、特徴的な地形をしています。人びとは、どのようにして、この土地を利用したのでしょうか。

● 信太山丘陵の利用

ガスや電気が普及するよりも前の時代、山は、燃料となる草木、肥料となる草、マツタケなどの食用植物を採る場所として利用されました（関連 pp.66-67, 72）。信太山丘陵もまた、そのような場所として利用され、谷筋には30以上ものため池が造られ、田畑も耕されました。

鶴田池上空から南の方角にみた信太山丘陵　平成23年（2011）撮影

● 様ざまな絵図

江戸幕府は、信太山丘陵を聖神社の境内として認めました。信太山丘陵の近くにあった7つの村（上代村・上村・太村・尾井村・中村・富秋村・王子村）は、信太郷とよばれ、聖神社の氏子として、信太山丘陵を共同で利用することができました。

ところが、信太郷の村とそれ以外の村むらとの間で、山の取り合いとなることもあり、その度に、信太山丘陵の土地利用を示す絵図が作られました。

● 聖神社

聖神社（王子町）は、平安時代の書物『延喜式』にも記録される神社です。熊野街道にも近く、貴族や僧侶が参拝した記録もあります。江戸時代を通じて、毎年2月10日の弓祭、7月28日の相撲神事、8月の祭礼が行われ、地域の人びとが、その準備を担いました。平成29年（2017）から令和元年（2019）には、本殿が修復されました。

重要文化財 聖神社本殿　桃山時代
令和4年（2022）撮影

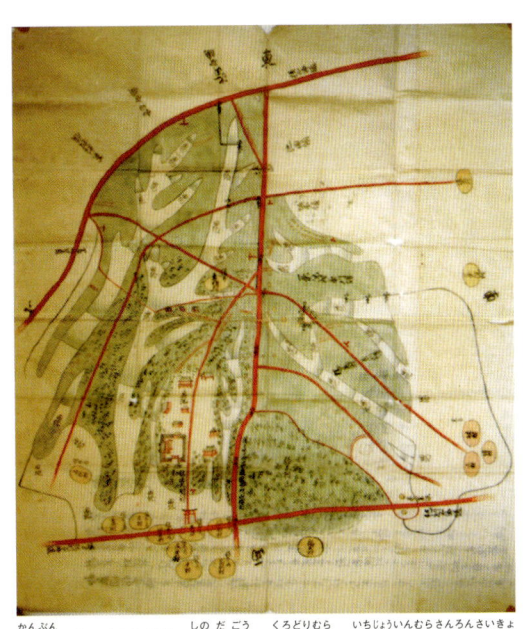

寛文5年（1665）信太郷・黒鳥村・一条院村山論裁許図（浅井家所蔵）縦93.5cm×横110.0cm

寛文5年（1665）信太七郷・黒鳥村立会絵図（米田家所蔵）縦108.6cm×横92.6cm

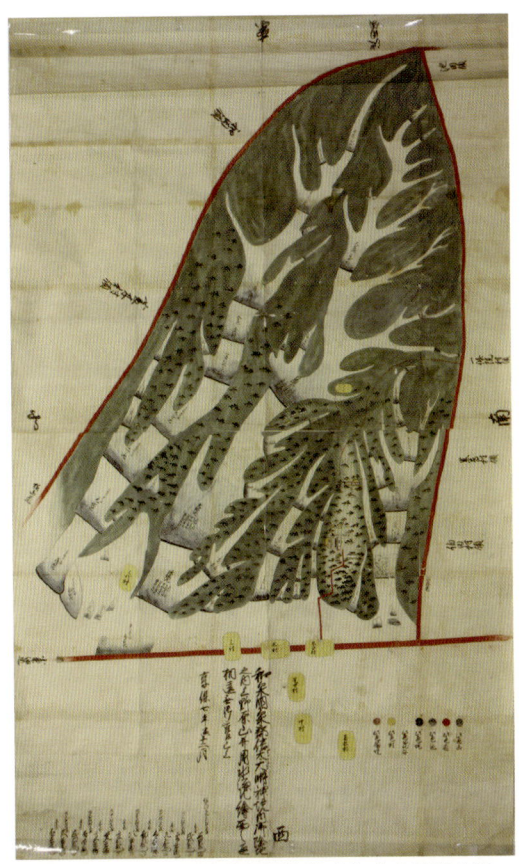

天保13年（1842）信太山大絵図（和泉市教育委員会所蔵）縦75.7cm×横104.4cm

享保7年（1722）信太大明神境内御除地之内上野原ならびに用水溜池絵（米田家所蔵）縦189.5cm×横113.8cm

5 兵隊さんの訓練場
―信太山演習場と忠霊塔

　現在の信太山には陸上自衛隊の信太山演習場と信太山駐屯地があります。どうしてここに演習場や駐屯地があるのでしょうか。

● 射的場から演習場へ

信太山演習場　大正時代の絵葉書より
（桃山学院史料室提供）

　明治5年（1872）に陸軍は、大砲を試験発射する射的場を信太山丘陵に設置しました。

　ところが、明治19年（1886）には近くの北池田小学校に弾丸が飛んでくる被害がありました。けが人はいませんでしたが、池田下村（池田下町）の人びとは射的場をほかの場所に移してほしいと陸軍に願い出ました。

　やがて射的場の機能は、現在の泉大津市や岸和田市にあった大砲の試験場に移されたため、信太山は兵隊の演習場として利用されていきました。

● 野砲兵第四連隊の移転

正門　野砲兵第四連隊移転記念絵葉書（個人所蔵）より

　大正8年（1919）には、野砲兵第四連隊という部隊が、大阪城から伯太村（黒鳥町・伯太町）に拠点を移しました。その後、伯太村には、部隊の宿舎・病院・練兵場が建てられ、数百人の軍人とその関係者が暮らしました。昔から伯太村に住んでいた住民のなかには、軍が飼育する馬のエサをあつかう商人となり、大きな利益を得る人も現れました。演習場の前は、旅館・カフェ・写真屋などができました。

● 昭和戦前・戦中期の演習場

昭和8年（1933）ころには、現在の府道30号（通称「13号線」）が開通し、大阪城に拠点を置く陸軍第四師団（りくぐんだいよんしだん）と信太山が結ばれました。

昭和17年（1942）には、地元市町村の協力によって、現在の黒鳥山公園に信太山忠霊塔（ちゅうれいとう）が完成しました。ここには、野砲兵第四連隊や地元出身の軍人約

信太山忠霊塔（黒鳥山公園内）　令和3年（2021）撮影

1560人の遺骨（いこつ）と約1440基の位牌（いはい）がおさめられています。

● 戦後の演習場

日本は昭和20年（1945）8月に太平洋戦争に敗戦し、アメリカ合衆（がっしゅう）国（こく）を中心とする連合国軍に統治されました。信太山演習場は日本の陸軍に代って連合国軍によって管理されました。周辺の住民は、戦時中から戦後にかけて、食料を得るため、演習場とその周りに畑を作りました。連合国軍は、演習場への立ち入りを禁止しましたが、住民はねばり強く交渉（こうしょう）し、耕作が認められました。見と（みと）

昭和26年（1951）9月に締結（ていけつ）されたサンフランシスコ講和条約（こうわじょうやく）により、日本は独立を回復しました。しかし、日米安全保障条約（にちべいあんぜんほしょうじょうやく）により、信太山演習場にはアメリカ軍が駐留（ちゅうりゅう）を続けました。

昭和32年（1957）には、地元住民の声もあり、信太山演習場はアメリカ軍から日本に返還されました。その後、演習場の大半は自衛隊の演習場となり、ほかは鶴山台（つるやまだい）の住宅地として開発されるなどしました。信太山の一部には、今も豊かな自然が残されており、令和6年（2024）8月には信太山丘陵里山自然公園が開園しました。

連合国軍（進駐軍（しんちゅうぐん））が信太山演習場における住民の農耕を禁止した札（和泉市教育委員会所蔵）
縦45.2cm ×横8.1cm ×厚さ1.7cm

もっとくわしく ① 西教寺と南王子村の歴史

左：**登録有形文化財** 西教寺

右：**大阪府指定文化財** 西教寺のイブキ　令和4年（2022）撮影（西教寺提供）

浄土真宗本願寺派の西教寺（幸二丁目）は、文禄3年（1594）以前に建立され、元禄11年（1698）のころには小さな本堂があったと記録されています。

寛文10年（1670）には浄土真宗の総本山である本願寺から、独立した寺院として認められ、宝永2年（1705）までには本尊の阿弥陀如来・親鸞（浄土真宗の宗祖）・前門主・聖徳太子・七高祖（インド・中国・日本にいた七人の偉大な僧侶）をまつる五尊寺の格式を認められました。五尊寺には大きな本堂が必要であるため、西教寺に心を寄せる南王子村の人びとは、多くの寄付をしたと考えられます。

南王子村の人びとに支えられた西教寺は、近代にも重要な役割を果たしました。大正11年（1922）には京都市岡崎公会堂で、部落差別の撤廃を目指す全国水平社が創立されました。翌年には西教寺で、南王子水平社の創立が宣言されました。

現在の本堂は、文化5年（1808）に完成したものです。ほかにも境内には、江戸時代から昭和時代の建造物があります。これらの建造物からなる貴重な歴史的景観が認められ、平成26年（2014）に西教寺は国の登録有形文化財となりました。

大正12年（1923）4月3日
南王子水平社の創立大会で決議された綱領・宣言
（和泉市立人権文化センター所蔵）

もっとくわしく② 佐竹（さたけ）ガラスと受け継がれる技術

登録有形文化財 佐竹ガラスの工場外観

　佐竹ガラス株式会社（かぶしきがいしゃ）（幸二丁目）は、昭和2年（1927）に創業（そうぎょう）された「いずみガラス」の企業（きぎょう）です。工場（溶解場（ようかいじょう）・作業場・調合場）、主屋、事務所、鎮守社（ちんじゅしゃ）（企業でまつる神社）は、いずれも昭和戦前期に建てられた建造物であり、伝統的な和風建築の特徴（とくちょう）を残しています。

　ガラス工場として、全国的にもめずらしいこれらの建造物は、平成13年（2001）に、国の登録有形文化財となりました。

色ガラス棒

ガラス棒の生地（きじ）引き作業
（佐竹ガラス株式会社提供）

もっとくわしく ③ 葛(くず)の葉(は)伝説

葛の葉（左）と安倍保名（右）
芦屋道満大内鑑　三代歌川豊国　江戸時代（和泉市教育委員会所蔵）

童子丸（左）と葛の葉（右）
小倉擬百人一首（中納言兼輔）
歌川広重　江戸時代
（和泉市久保惣記念美術館所蔵）

　平安時代の人安倍保名(あべのやすな)は、信太の森で狩人(かりうど)に命をねらわれた白狐(しろぎつね)を助けました。怒(おこ)った狩人は保名に暴力をふるい、保名はケガをしてしまいました。

　そこで今度は、白狐が葛の葉(くずは)という名前の人間の女性に姿(すがた)を変えて、保名を助けてあげました。保名と葛の葉は仲良くなり、いつしか二人の間には男の子が産まれました。男の子は童子丸(どうじまる)と名付けられました。

　ある日のこと、葛の葉は童子丸にもとの白狐の姿を見られてしまいました。葛の葉はこのまま人間の姿で暮(く)らし続けることはできないと思いました。そこで葛の葉は、「恋しくば たずね来てみよ 和泉(いずみ)なる 信太の森の うらみくずの葉」という歌をよんで、童子丸と別れ、信太の森に戻(もど)っていきました。童子丸はのちに、安倍晴明(あべのせいめい)という有名な陰陽師(おんみょうじ)となりました。

　信太山地域(しのだやまちいき)に伝わるこのような「葛の葉伝説」は、江戸時代(えどじだい)に上演された『芦屋道満大内鑑(あしやどうまんおおうちかがみ)』という浄瑠璃(じょうるり)作品にも取り上げられ、多くの人に親しまれました。

「葛の葉伝説」には、いくつかのパターンがあるよ！
ほかにはどんな物語があるのかな？

第五章

府中を中心とした地域の歴史

フチュール和泉（府中町）

豊中遺跡

和泉中学校

文

府中遺跡

和泉府中駅

和泉府中駅前商店街

开 泉井上神社

フチュール和泉
和泉図書館

御館山公園

和泉市役所 ◎ 文 国府小学校

井ノ口王子跡

卍 西福寺

和泉市立総合
医療センター

卍 妙泉寺

文 和気小学校

和気遺跡

小田公園

JR阪和線

文

郷荘中学校

小田遺跡

軽部池遺跡

牛滝川

軽部池

松尾川

和泉市文化財 TV
https://izbun.jp/

府中遺跡　遺物編1 縄文時代〜古墳時代中期

惣ヶ池

卍 蔭涼寺

文 伯太小学校

文 黒鳥小学校

陸上自衛隊
信太山駐屯地

信太山忠霊塔

黒鳥天満宮
天神社
⛩

黒鳥山公園

○ 長楽寺跡

和泉市指定文化財 郷荘神社本殿 16世紀前半 (阪本町)

禅寂寺
(坂本寺跡)
卍

38 文

芦部小学校

⛩
郷荘神社

38 ○ 目塚古墳
目塚之碑

槇尾川

480

○ 高橋家住宅

観音寺山遺跡

文 文

111

1 まちの下には何がある？
―府中遺跡・豊中遺跡・軽部池遺跡

　府中を中心とする地域は、槇尾川や松尾川の下流域にあたります。ここでは、はるか昔の縄文時代から人びとが生活していました。

● 弥生時代の府中遺跡・豊中遺跡

　和泉府中駅（府中町）から泉大津市豊中町の一帯には、今から約4000年～1500年前（縄文時代の中期から古墳時代）に、人びとが生活した遺跡（府中遺跡・豊中遺跡）が広がっています。

　弥生時代には、河川にはさまれた小高い土地の上に、10棟くらいの竪穴住居が建つ集落があったようです。同じような遺跡は、河川の下流域にある、和気遺跡（和気町）、小田遺跡（小田町）、下池田遺跡（岸和田市）にもみられます。しかし、どの遺跡でも、池上曽根遺跡のような環濠や大型建物はみつかっていません（関連 pp.94-97）。

　ちなみに、国府小学校（府中町）の近くからは、今から約1900年前に造られた円形周溝墓という形の墓がみつかりました。この円形周溝墓は、のちに古墳時代に造られる前方後円墳のもとになったともいわれています。

● 軽部池遺跡

軽部池遺跡　集落の跡
堰の部品となった数百本の木製の杭には、鉄の道具で加工された跡がありました。平成6年（1994）撮影

　軽部池遺跡（小田町）は、今から約2200年前（弥生時代中期後半）に出現し、約100年間だけ続いた小規模な集落の遺跡です。ここでは、近くの川から水を取り入れるための堰や、いくつかの竪穴住居がみつかりました。

軽部池遺跡の堰

● 古墳時代の府中遺跡・豊中遺跡

水を使った祭祀の想像図

古墳時代には、各地で地域を統合する首長（リーダー）が出現し、政治と祭祀（さいし）の拠点（きょてん）となる居館（きょかん）が建てられました。

和泉府中駅東口から数十ｍ先の地点では、水を流すための木製の樋（ひ）がみつかりました。このような樋は、ふつう豪族（ごうぞく）の居館や池の堤（つつみ）などで使われるものです。

水辺の祭祀が行われたとみられる場所の発掘（府中遺跡）
平成23年（2011）撮影

また、泉大津市東豊中町では、古墳時代に川が流れていたところから、祭祀に使ったとみられる木製の剣形（けんがた）、刀形（かたな）、柄頭（がしら）（剣や刀の握（にぎ）る部分の先端（せんたん））などがみつかりました。

府中遺跡と豊中遺跡は、和泉を代表する集落として成長し、大和政権（やまとせいけん）が確立して以後は、和泉国の中心地として発展（はってん）していきました。

① ②

豊中遺跡でみつかった木製の剣形①と刀形②
①長さ：54.8cm　幅：3.1cm　厚さ：1.1cm
②長さ：64.6cm　幅：3.0cm　厚さ：1.0cm
（泉大津市教育委員会所蔵）

豊中遺跡でみつかった木製の柄頭（長さ：10.5cm　幅：5.7cm　厚さ：2.2cm）
（泉大津市教育委員会所蔵）

② 古代の「県庁所在地」はどこに？

―和泉国府跡の発掘

　現在、和泉市役所がある地域は、府中町とよばれています。この「府中」という地名には、どのような意味があるのでしょうか。

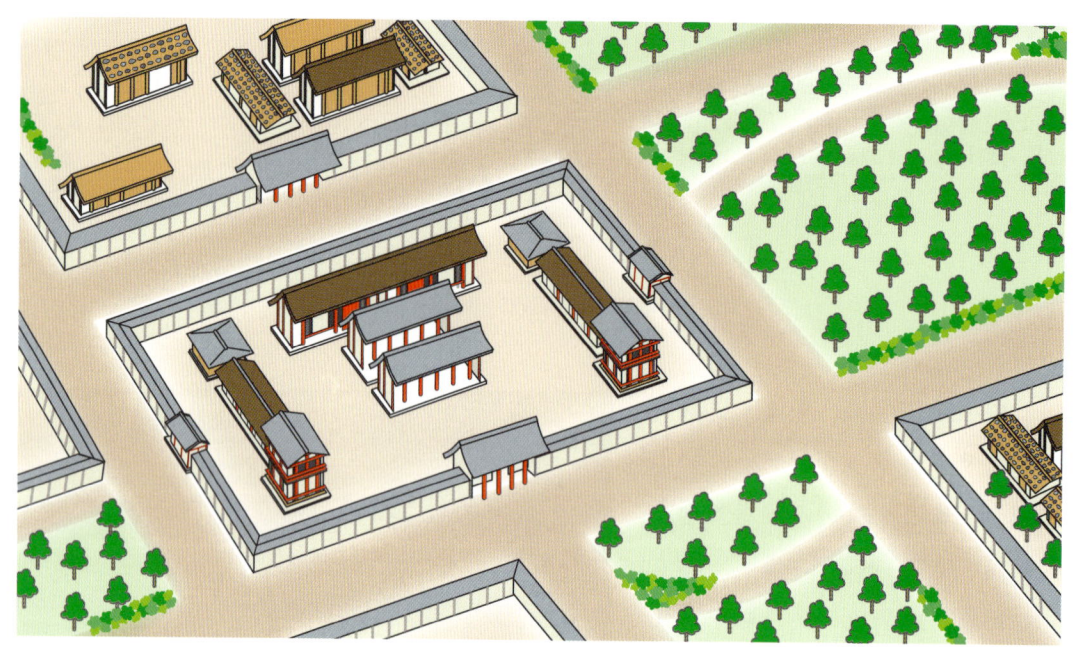

国衙の想像図

● 全国の「府中」

　日本では律令制の導入された飛鳥時代から近代化を迎える明治維新まで、朝廷が各地に国という行政区域を設置しました。例えば、現在の大阪府には、摂津国・河内国・和泉国という三つの国がありました。

　奈良時代の朝廷は、それぞれの国に国衙とよばれる役所を設置しました。現在に例えていえば、国は都道府県、国衙は都道府県庁、そして、国府は都道府県庁の所在地といえるでしょう。

　日本各地には、国府にちなむ府中という地名が存在します。例えば、東京都府中市・福井県小浜市府中・広島県安芸郡府中町は、それぞれ武蔵国・若狭国・安芸国の国府があった場所と考えられています。

大阪府指定文化財 和泉清水 1970年代のようす

● 和泉国府はどこに？

奈良時代の天平宝字元年（757）に、朝廷は河内国から大鳥郡・和泉郡・日根郡を分離して、新たに和泉国を設置しました（関連 p.7）。現在の和泉市府中町は、和泉国の国府があった場所と考えられています。

泉井上神社（府中町）には、「和泉国」の国名の由来とされる池「和泉清水」があり、かつては、地下水が湧き出していました。泉井上神社には、今も和泉国の主要な5つの神社の祭神をまつる神社（五社総社）もあります（関連 pp.124-125）。

しかし、国府とされる場所からは、奈良時代の集落遺跡がみつかっただけで、国衙の建物はみつかっていません。

和泉国府庁跡石碑（府中町・御館山公園）

3 村の支配者、うらまれる
―黒鳥村の暗号文書

「黒鳥村文書」には、全国的にもとてもめずらしい、暗号で記された古文書が残されています。カタカナばかりで記されたこの古文書からは、何が分かるのでしょうか。

● 河野家文書の発見

　昭和53年（1978）夏、内田町の河野家から、平安時代中ごろから江戸時代末期にかけて記された500通もの古文書がみつかりました。これらの古文書は、伯太町の立石家に残された古文書とともに、黒鳥村（黒鳥町）の様子を伝える、大変貴重な文化財です。

　ふたつの家でみつかった古文書のうち、江戸時代よりも古い時代に記された44通は「黒鳥村文書」とよばれ、令和3年（2021）に大阪府の有形文化財に指定されました。

● 古代・中世の黒鳥村

　「黒鳥村文書」によると、平安時代には、豪族の宗岡氏や酒人氏がため池を修理して、田地を造りました。鎌倉時代には、安明寺を中心とする黒鳥村の住民が、自分たちでルールを作り、酒・酢・味噌の材料となる麹の流通にたずさわりました。また、黒鳥村には住民を代表したリーダーである刀禰がいました（関連 pp. 64-65, 80-81）。

● 謎の暗号文

　「黒鳥村文書」のうち、文保2年（1318）に記された某立願文は、普通の文章と同じように上から下に読むと意味が分かりません。しかし、図のようにジグザグに読むと、意味が分かります。記した人は、悪い政治を行う地頭をやめさせるよう、安明寺の本尊である薬師如来に祈っています。地頭に知られるのをおそれて、このような暗号文を作ったのでしょうか。

長楽寺　令和4年（2022）1月撮影（その後建て替え）
かつて長楽寺（黒鳥町二丁目）に残された薬師如来坐像は、元は安明寺の本尊であったと推測されています。

金剛界曼荼羅
近世

薬師如来坐像
平安時代〜鎌倉時代

胎蔵曼荼羅
近世

（いずれも黒鳥第一町会所蔵）

（裏）

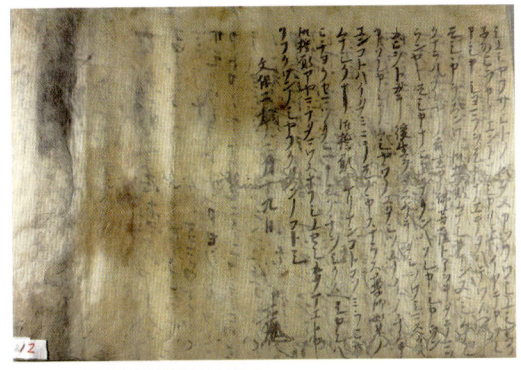

（表）

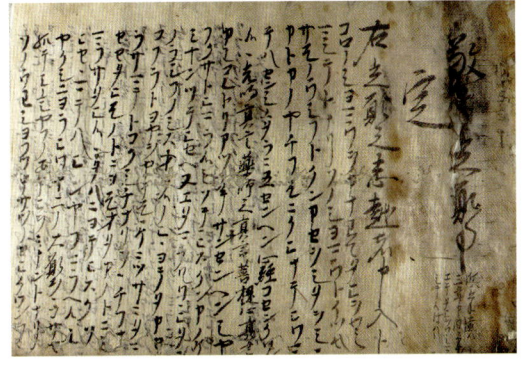

大阪府指定文化財 文保2年（1318）某立願文　鎌倉時代（黒鳥村文書・和泉市教育委員会所蔵）

暗号（黄色）の読み順は矢印（←）

4 道が交わる、人が集う
―府中村絵図にみる街道

古代からの歴史をもつ府中では、江戸時代には町場の景観ができました。府中の町はどのような機能をもったのでしょうか。

● 府中村の神社と寺院

総社境内と西泉寺の間に郷蔵・会所がある。
（府中村絵図部分）

江戸時代の府中村絵図には、田や畑、水路、林・芝・藪、石橋、家、道が色を分けて描かれています。中心には、五社総社神社（現在の泉井上神社）の境内が描かれています。

その南西には、西泉寺という寺院が描かれています。近くには村の集会所である会所や村の年貢米を保管する郷蔵があったようです。

● 府中村を通る道

五社総社神社の鳥居の前では、道が合流しています。府中村を南北に通る小栗街道（熊野街道）は、大坂（大阪）・堺から熊野三山へと通じる古代からの幹線道路で、江戸時代には幕府の役人も通過しました（関連pp.100-101）。東へ向かう槇尾街道は、池田谷を経て、槇尾山へと通じました。西へ向かう大津街道は、現在の泉大津市を経て、瀬戸内海沿岸の港へと通じました。

● 市場の神様？

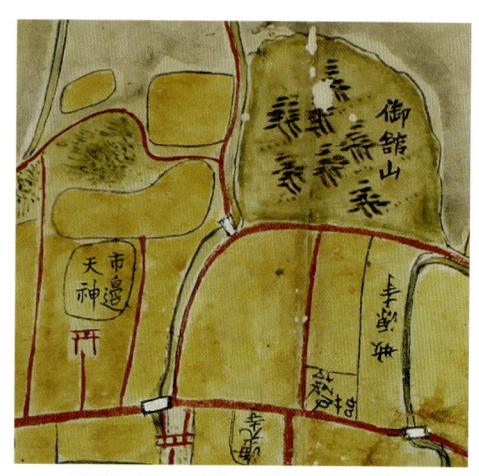

市辺天神と御舘山（府中村絵図部分）

鳥居の東には「御舘山」と書かれた山がみえます。ここは現在、御舘山公園となっており、国衙のあった場所とも考えられています（関連p.115）。近くには「市辺天神」と書かれた神社がみえます。これが市場の神様をまつった神社であれば、人びとが集まった府中の特徴をよく示しているといえます。

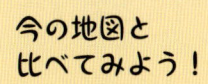

今の地図と
比べてみよう！

府中村絵図（辻村家所蔵）江戸時代　縦54.4cm×横39.8cm

和泉府中駅は、和泉市の玄関口の一つです。その周辺の風景は、時代によって大きく変化してきました。そこにはどのような歴史があるのでしょうか。

● 阪和線の歴史

　昭和4年（1929）、阪和電気鉄道株式会社（阪和電鉄）の路線が、大阪の天王寺駅から和泉府中駅まで開通しました。翌年には、天王寺駅から東和歌山駅（現在の和歌山駅）までの全線が開通しました。現在の和泉市域には、葛葉稲荷駅（現在の北信太駅）、信太山駅、和泉府中駅が設けられました。天王寺駅から東和歌山駅まで45分で走った超特急は、当時の日本最速を誇りました。また、阪和電鉄は、線路沿いの地域を開発し、信太山ゴルフリンクス（ゴルフ場）や聖ヶ岡住宅（住宅地）を建設しました。

　昭和15年（1940）には、阪和電鉄は南海鉄道に合併されて南海山手線となり、昭和19年（1944）には、国有化されて国鉄阪和線となりました。戦後の昭和62年（1987）には、国鉄が分割民営化されてJR西日本（西日本旅客鉄道）となり、現在のJR阪和線となりました。

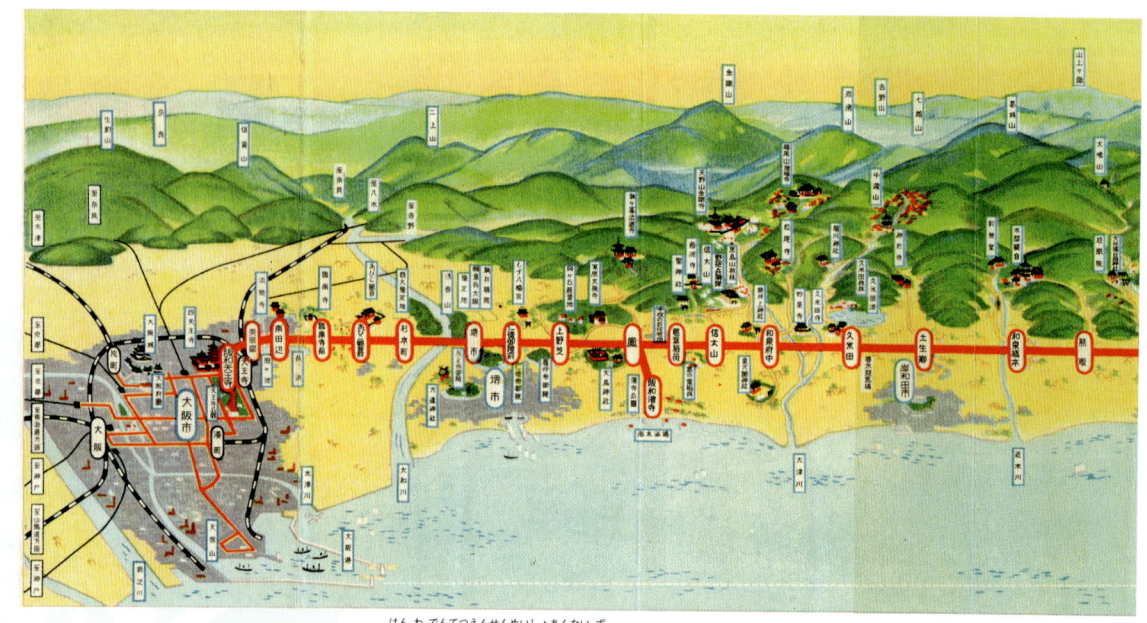

昭和7年（1932）阪和電鉄沿線名所案内図（竹田辰男氏所蔵）全長：78.5cm

大和川を越える阪和電鉄の車両（竹田辰男氏所蔵）

昭和8年（1933）12月20日改正の時刻表
（竹田辰男氏所蔵）

現在の
和泉市域の
部分だよ

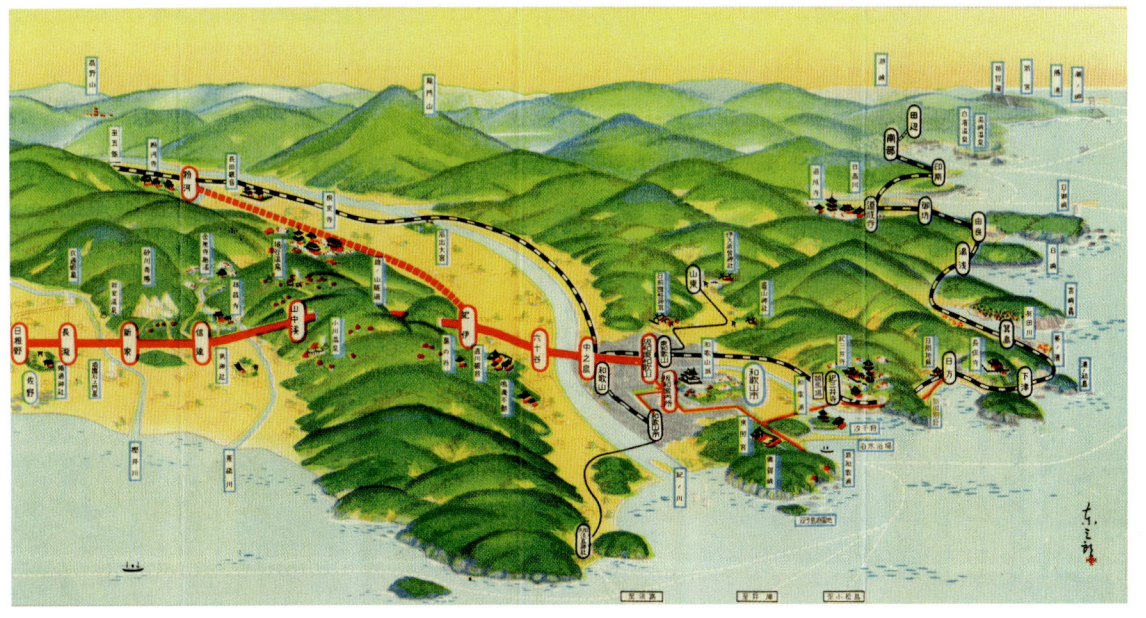

● 和泉府中駅前商店街（ロードインいずみ）の誕生

　昭和31年（1956）に和泉市が誕生し、昭和33年（1958）には和泉市役所（府中町）が完成しました。このころ和泉市のとなりにある市町村では、臨海工業地帯が造られるなど、高度経済成長による急速な開発がみられました。

　和泉市は、和泉府中駅前の丸井繊維株式会社の工場跡地を買い取り、ここに商店街を造る計画を発表しました。建物が完成したのは、昭和40年（1965）のことでした。そのころの店舗の内容と軒数は、衣料品26、文化品10、日用雑貨8、食料品7、専門卸業者5、喫茶店・食堂・料理10、理容・美容・その他6、銀行・保険・証券4、医療3、その他1でした。商店街で働く人には地方出身者も多く、そうした人びとやその家族の住宅も建てられました。

　ロードインいずみが誕生して50年以上が過ぎた現在、地域のあり方や買い物の方法は、日ごとに変わりつつあります。高度経済成長期の歴史を示すこの商店街は、これからどのように変化していくのでしょうか。

昭和40年（1965）の和泉府中駅前

● 平成の駅前再開発

昭和4年（1929）の路線開通から何度かの改築を経て利用され続けた和泉府中駅の駅舎は、平成25年（2013）に新しい駅舎へと建て替えられました。それと合わせるようにして、駅前もバスや車が止まりやすいように整備されました。近くには商業施設や図書館が入居するフチュール和泉が完成し、人びとのにぎわいができています。

昭和時代の和泉府中駅

駅前の再開発では、
府中遺跡が
発掘されたよ！

和泉府中駅の新駅舎と駅前のロータリー　平成27年（2015）撮影

泉井上神社 五社総社の建築とその修理

泉井上神社（府中町）の境内にある五社総社は、和泉国の五つの主要な神社の祭神をまつる神社です。

泉井上神社に残された江戸時代の記録によると、江戸時代の約260年間を通じて、五社総社の屋根は9回葺きかえられたようです。天保3年（1832）に完成した修理では、屋根の材料が柿から茅へと変化しました。

大正13年（1924）に、五社総社は国の特別保護建造物（現在の重要文化財に相当）に指定されました。当時の写真からは、屋根の形が現在のものと異なっていることが分かります。

昭和18年（1943）から昭和20年（1945）には、建物をすべて分解した修理が行われました。この時には、屋根の材料が茅から檜皮へと変化しました。

雑誌『上方』130号（昭和16年（1941）10月）に掲載された五社総社本殿

屋根の形を比べてみよう

修理前

重要文化財 泉井上神社境内社和泉五社総社本殿
平成28年（2016）撮影

歴史的な建造物を修理するには、その修理の歴史をきちんと調査しなければなりません。例えば、その建造物の建材や装飾（そうしょく）はどのようなものであったか、そして建築当時の技術や方法はどのようなものであったかは、とても重要です。これらの事実をふまえなければ、どんなに古い建造物でも、文化財としての価値（かち）は失われてしまいます。

　令和2年（2020）から令和4年（2022）には、部材や彩色の調査をふまえた、五社総社の修理が行われました。

檜皮の葺き直し
（谷上社寺工業株式会社提供）

彩色修理の様子
（有限会社川面美術研究所提供）

重要文化財 泉井上神社境内社和泉五社総社本殿
令和4年（2022）撮影

妙泉寺の歴史と信仰

泉州では、歴史的に多くの真言宗寺院があります。しかし、江戸時代になると、府中地域や信太山丘陵周辺の平野部で、浄土宗、浄土真宗、禅宗（黄檗宗）、日蓮宗の寺院も信仰を集めました。多くの人びとが交流した熊野街道（小栗街道）の近くでは、鎌倉時代に始まるこれらの宗派も、広まりやすかったのかもしれません（関連pp.100-101）。

市域にあるこれら宗派の寺院の中でも、日蓮宗の妙泉寺（和気町）は、特徴ある歴史と文化財を伝えています。そのひとつである日像上人坐像は、日蓮宗の開祖日蓮の弟子日像（1269-1342）の姿を表したもので、室町時代に作られたものと考えられています。

妙泉寺の過去帳によると、江戸時代には、京都・大坂（大阪）・堺・岸和田などの都市部に多くの信者がいました。日蓮宗の信仰があつい和気村では、天保期（1830-1844）に、江戸幕府によって禁止されていた不受不施派というグループの僧侶が大坂から逃げてきたため、和気村の人びとも幕府によって取り調べを受けるという事件もありました。

日像上人坐像　16世紀　木造　像高76.6cm（妙泉寺所蔵）

妙泉寺（和気町）

第Ⅲ部

身近なところにある歴史

1 学校の歴史を調べてみよう

令和3年（2021）に行われた和泉市役所の新庁舎への引っ越しでは、昭和45年（1970）の当時あった小学校（11校）を撮影した航空写真がみつかりました。写真からはどんなことが分かるでしょうか。

校舎の形も周りの景色も、今とは違うみたい！

学校航空写真のアルバム

ほかにもたくさん

学校航空写真の紹介
（和泉市ホームページ）

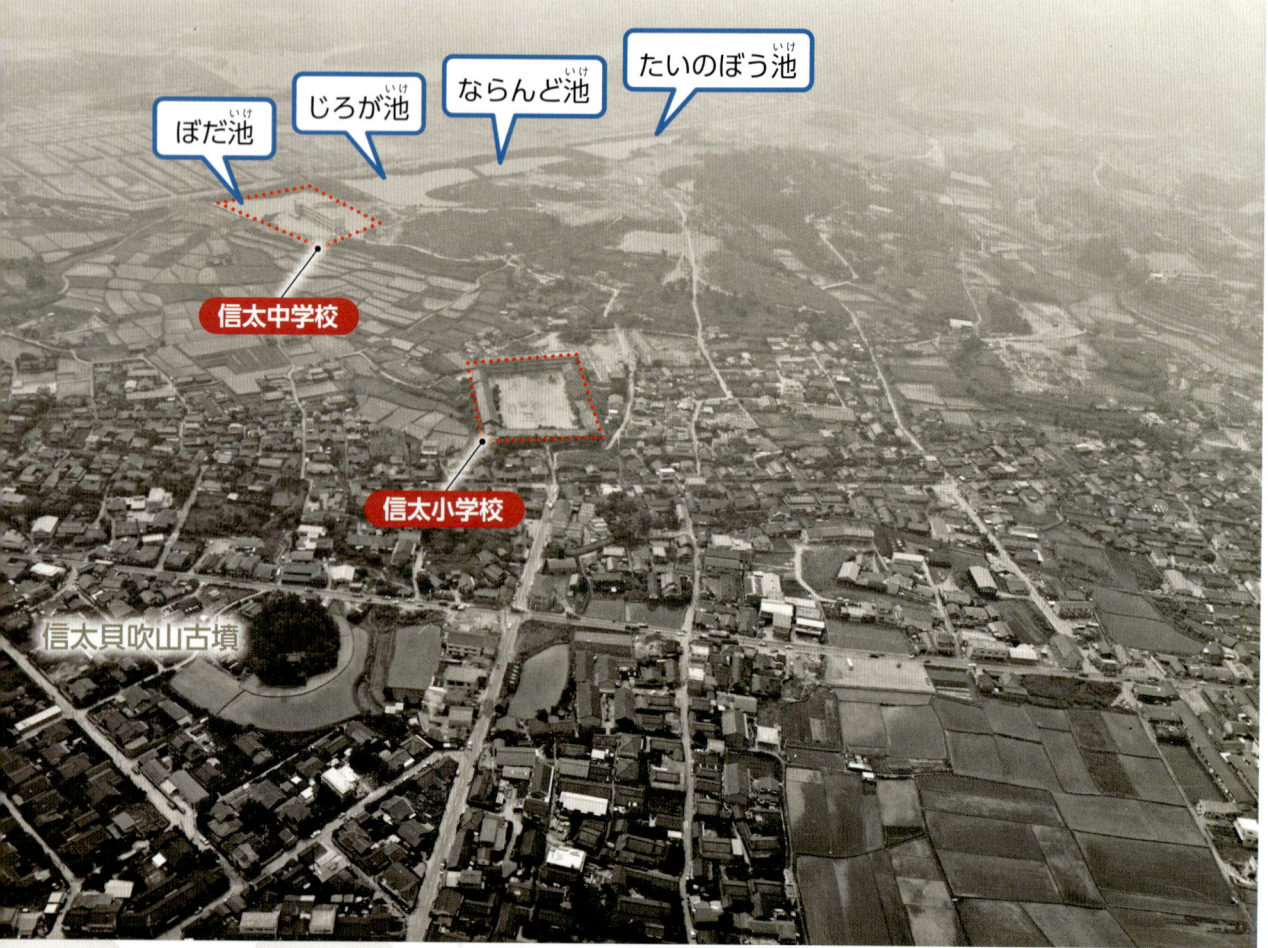

昭和45年（1970）に撮影された信太小学校の周辺
鶴山台の造成で埋め立てられる前のぼだ池（菩提池）、じろが池（次郎ガ池）、ならんど池（南道池）、たいのぼう池（太ノ坊池）が見える。

● 市立小学校・義務教育学校の創立

明治時代に創立された小学校

- 明治 5 年（1872）郷学分校（のちの北松尾小学校）、第13区分校（のちの横山小学校）、第42番小学（のちの北池田小学校）
- 明治 6 年（1873）第17番小学（のちの伯太小学校）、第43番小学（のちの南池田小学校）、第77番小学（のちの国府小学校）、第97番小学（のちの 幸 小学校）
- 明治 7 年（1874）第83番小学（のちの信太小学校）
- 明治20年（1887）芦部尋常小学校（のちの芦部小学校）、南横山修養尋常小学校（のちの南横山小学校）
- 明治37年（1904）南松尾尋常小学校（のちの南松尾小学校）

綴り方教育を指導した小川隆太郎先生（正面右）と南松尾尋常小学校の児童たち　昭和8年（1933）〜昭和9年（1934）撮影（南松尾小学校『南松百年』（2004年）より）

高度成長期からトリヴェール和泉の開発以前に創立された小学校

- 昭和45年（1970）黒鳥小学校（伯太小学校から分離独立）
- 昭和46年（1971）鶴山台南小学校
- 昭和48年（1973）和気小学校（国府小学校から分離独立）、緑ケ丘小学校（南池田小学校内に開校）、鶴山台北小学校（信太小学校内に開校）
- 昭和53年（1978）光明台南小学校
- 昭和55年（1980）池上小学校（伯太小学校から分離独立）
- 昭和60年（1985）光明台北小学校

トリヴェール和泉の開発以後に創立された小学校・義務教育学校

- 平成 4 年（1992）いぶき野小学校
- 平成18年（2006）青葉はつが野小学校
- 平成29年（2017）南松尾はつが野学園（同年に閉校した南松尾小学校と南松尾中学校の校区とはつが野四丁目、五丁目、六丁目を校区として開校）
- 令和 7 年（2025）槇尾学園（同年に閉校した南横山小学校・横山小学校・槇尾中学校を統合して開校）

● 市立中学校・義務教育学校の創立

学校教育法の公布・施行により創立された中学校

- 昭和22年（1947）和泉中学校、八坂中学校（山手中学校）、信太中学校、北池田中学校、南池田中学校、北松尾中学校、南松尾中学校、横山中学校、南横山中学校（町村ごとに創立）

高度成長期からトリヴェール和泉の開発以前に創立された中学校

- 昭和36年（1961）和泉第二中学校（北松尾中学校、北池田中学校、南池田中学校が統合。翌年、石尾中学校と改称。）
- 昭和39年（1964）和泉第三中学校（横山中学校と南横山中学校が統合。翌年、槙尾中学校と改称。）
- 昭和48年（1973）郷荘中学校（和泉中学校から分離独立）
- 昭和51年（1976）富秋中学校（山手中学校の校区と、和泉中学校・信太中学校の校区の一部を統合）
- 昭和53年（1978）光明台中学校
- 昭和58年（1983）南池田中学校（石尾中学校から分離独立）

建設中の和泉第二中学校

トリヴェール和泉の開発以後に創立された中学校・義務教育学校

- 平成4年（1992）北池田中学校（石尾中学校から分離独立）
- 平成29年（2017）南松尾はつが野学園（同年に閉校した南松尾小学校と南松尾中学校の校区とはつが野四丁目、五丁目、六丁目を校区として開校）
- 令和7年（2025）槙尾学園（同年に閉校した南横山小学校・横山小学校・槙尾中学校を統合して開校）

槙尾学園（仏並町）

校章には、なにが描かれているのかな？

緑ケ丘

旧南松尾中学校
（『南松尾五十周年』（1997年）より）

2 学校刊行物をひらいてみよう

学校刊行物には、学校周辺の景色、地域の歴史、その時の児童・生徒や先生の活動などがまとめられています。それらの多くは、学校が創立されてから節目の年に刊行されています。

● 学校刊行物の事例

幸小学校
『創立百周年』
昭和48年（1973）

光明台南小学校
『創立5周年記念誌』
昭和58年（1983）

池上小学校
『創立10周年記念誌』
昭和63年（1988）

鶴山台北小学校
『創立二十周年記念誌　つ
るきた』
平成4年（1992）

いぶき野小学校
『創立十周年記念誌』
平成13年（2001）

緑ケ丘小学校
『光陰　緑ケ丘小学校三十
年のあゆみ』
平成14年（2002）

南松尾小学校
『南松百年』
平成16年（2004）

国府小学校
『創立150周年
子どもまんなかこくふ』
令和5年（2023）

ほかにもたくさん

学校刊行物の紹介
（和泉市ホームページ）

● 学校刊行物の内容

南松尾中学校　創立50周年記念しじき（1997）

南松尾小学校『南松百年』（2004）より

和気小学校『創立五周年記念誌』（1977）より

和泉中学校『創立50周年記念誌　やまびこ』
（1997）より

和泉市立図書館の郷土コーナーでは、学校刊行物のほか、和泉市をはじめとする泉州の自治体史などがあります。

和泉市コーナー

郷土資料の棚

TRC 和泉図書館（府中町・フチュール和泉3階）令和4年（2022）10月撮影

聞き取りに挑戦してみよう
―鶴山台団地を事例に

話し手
川島さんと上田さん
[鶴山台の住民]

令和4年（2022）11月1日
信太の森ふるさと館にて

聞き手
永堅と村上
[和泉市の学芸員]

聞き取りの様子

村上　鶴山台の団地ができて50年が経ちました。今日は、ここで長年暮らしておられるお二人に、お話をうかがいたいと思います。

永堅　最初に、お二人のお生まれになった年と鶴山台に来られた年を教えて頂けますか？

上田　ぼくは昭和8年に京都で生まれました。昭和34年に大学を卒業した後は、大阪市の図書館に就職しました。結婚したのは昭和38年で、鶴山台に来たのは昭和48年でした。当時、娘は小学校3年生で、鶴山台南小学校に通っていたのですが、その年の7月に鶴山台北小学校に転校しました。

川島　ぼくは昭和21年に滋賀県高島市で生まれました。農家の三男坊でした。大阪市内の大学を卒業した後は、会社に就職しました。昭和46年に結婚して、その年の11月に鶴山台に来ました。

村上　お二人ともご出身は和泉市ではなく、社会人になってから鶴山台に来られたようですが、どうして鶴山台に来られたんですか？

上田　そのころは高度成長期で、とにかく住むところが少なかったんですわ。住宅公団が団地を造って、住む人を募集するんです。ぼくは新聞で知りました。

川島　テラスハウスというんですが、鉄筋二階建てで庭付きの家が建ち並ぶ地区が、鶴山台に3か所くらいありまして、ぼくは昭和54年にそっちへ引っ越しました。

永堅　鶴山台がよかったのは、やっぱり交通の便でしょうか？

鶴山台団地　昭和47年（1972）ころ

画像内ラベル：鶴山台4丁目／鶴山台南小学校／聖神社／信太中学校／信太小学校／鶴山台3丁目／鶴山台2丁目／鶴山台1丁目

川島　ぼくも職場は大阪市内にあって、鶴山台からは阪和線一本で通勤できました。千里の桃山台（吹田市）もねらっていたんですが、やっぱり鶴山台の方が便利でした。

上田　そうですね。ぼくも最初は、神戸の鈴蘭台にしようかと迷ったんですが、鶴山台の方が、はるかに便利でした。

村上　鶴山台には、お二人のように、和泉市の外で働く人が多かったんですか？

上田　そうですね。通勤の時は、鶴山台から自転車で北信太駅に行く人が多かったです。当時の電車はボロボロで、朝は満員で大変でした。

川島　それから、鶴山台には教師、公務員、銀行員をしていた人が多かったです。

永堅　職場が和泉市の外なら、普段のご近所づきあいは少なかったんですか？

川島　昔から近所の付き合いは少ないです。だんじりなんかのお祭りもないですし。

上田　2006年から一丁目祭りというのを10年くらいしていたんですが、役目を継承する人がいなくて、やめました。ただ、地域のつながりはできて、とてもよかったと思っています。

村上　ところで、昔と今を比べて、何か変わったことはありますか？

川島　昔は一家に一台車があって、府中や鳳の大型スーパーにも行きましたね。鶴山台のスーパーは、昔も今と同じところにありました。

上田　昔は個人商店の酒屋さんが重い瓶ビールを持ってきてくれましたね。

永堅　鶴山台の近くには自衛隊の演習場もありますが。

上田　昔は演習場のまわりにフェンスが無くて自由に入れました。

川島　そうそう、キノコ採りなんかで入れましたね。

永堅　これからの鶴山台については、どんな思いがありますか？

上田　鶴山台も住民の高齢化が進んでいます。本当は交通の便がよいところなので、もっと注目してほしいですね。

川島　最近は鶴山台に移り住む若い人たちも少しはいるようです。これからの鶴山台が楽しみです。

村上　今日は充実した聞き取りとなりました。ありがとうございました。

聞き取りからどんなことがわかるかな？身近な人から聞き取りをしてみよう！

4 施設を見学してみよう

❶ 池上曽根史跡公園

和泉市池上町と泉大津市曽根町に広がる池上曽根史跡公園には、弥生時代の大型建物、竪穴住居、環濠などが復元されています。

大阪府立弥生文化博物館は、日本でただ一つの弥生時代を専門とする博物館です。池上曽根弥生情報館は、史跡公園の案内や模型の展示などを行っています。池上曽根弥生学習館（泉大津市千原町）は、勾玉作りなどの体験学習の施設として親しまれています。

大阪府立弥生文化博物館　和泉市池上町四丁目8-27　電話：0725－46－2162

池上曽根弥生情報館　　和泉市池上町四丁目14-13　電話：0725－45－5544

池上曽根弥生学習館　泉大津市千原町二丁目12-45　電話：0725－20－1841

● 大型建物「いずみの高殿」と大型井戸「やよいの大井戸」が復元されるまで

大型建物のデータ
- 高さ：約11m
- 幅　：約30m
- 奥行：約 7m
- 床の広さ：約133㎡（およそ小学校の教室2つ分）
- 床の高さ：約4 m

大型建物の内部　令和4年（2022）撮影

　大型建物を支える直径60cm ものヒノキ材は、和泉市森林組合の協力により、父鬼町三国山で伐採されました。屋根の材料となる葦は、琵琶湖から運ばれました。大型井戸の枠となる直径2.3mのクスノキは、東大阪市から寄贈されました。工事には、京都の宮大工に加え、滋賀県神崎郡能登川町（現在は東近江市）の屋根葺き職人が携わりました。こうして大型建物と大型井戸は、現地での約半年間の工事を経て、平成11年（1999）3月に完成しました。

復元された弥生時代の環濠
令和4年（2022）撮影

集落を囲む堀（環濠）は、なんのために造られたのかな？

和泉市文化財 TV
https://izbun.jp/

池上曽根遺跡紹介 VTR

❷ 和泉市いずみの国歴史館

まなびのプラザ（和泉市いずみの国歴史館のある建物）

桃山学院大学のあるまなび野は、和泉市の文教地区です。近くには緑ケ丘やのぞみ野の住宅地があり、休日の宮ノ上公園には、多くの家族連れが訪れています。

平成11年（1999）、宮ノ上公園に和泉市いずみの国歴史館が開館しました。和泉市にゆかりの土器、瓦、古文書、絵図、仏像、刀剣などから、市域における先史時代から現代までの歴史を学ぶことができます。また、本物の土器にさわることのできるコーナーも設けられています。

常設展の様子

毎年各地の児童、生徒、学生たちが見学に訪れて、和泉市の歴史や学芸員の仕事について理解を深めています。また多くの市民が体験学習や講座に参加しています。

和泉市文化財TV
https://izbun.jp/

いずみの国歴史館令和二年度冬季企画展 和泉の首長誕生 ～展示品借用の舞台裏～

和泉市まなび野2-4　電話：0725-53-0802

❸ 信太の森の鏡池史跡公園

1970年代に開発された鶴山台団地の一角に、信太の森の鏡池史跡公園があります。背後には、シリブカガシをはじめとする様ざまな動植物が生息する聖神社の杜が広がっています。

この葛の葉伝説の舞台であり、かつては聖神社の「手洗池」ともよばれていたとされる鏡池も、周辺の宅地開発によって失われかけた時がありました。しかし、豊かな自然と伝説の舞台を守ろうとした住民の熱心な保存運動により、平成9年（1997）に和泉市で最初の市指定史跡に選ばれて、現在まで残されています。

モニュメント「願い星」

平成14年（2002）に開館した信太の森ふるさと館では、葛の葉伝説にまつわる歴史資料や絵画作品などを展示しています（関連 p.108）。令和4年（2022）には、シンガーソングライターのイルカさんが手がけた作品をもとに、新しいモニュメントが設置されました。

和泉市文化財 TV
https://izbun.jp/

和泉史跡空中散策 信太の森の鏡池［4K 対応］

信太の森ふるさと館　和泉市王子町914-1　電話：0725−45−0605

第Ⅲ部　身近なところにある歴史

5 和泉市内の指定文化財

国指定文化財

名　称	時　代	所有者・所在地
●青磁　鳳凰耳花生　銘　万声	中国・南宋	和泉市・久保惣記念美術館
●歌仙歌合	平安	和泉市・久保惣記念美術館
●聖神社　本殿 　末社三神社　本殿 　末社滝神社　本殿	桃山	聖神社・王子町
●泉井上神社境内社和泉五社総社本殿	桃山	泉井上神社・府中町
●高橋家住宅	江戸	個人・池田下町
●紙本著色　山王霊験記	室町	和泉市・久保惣記念美術館
●紙本著色　駒競行幸絵詞	鎌倉	
●紙本墨画　枯木鳴鵙図　宮本武蔵筆	江戸	
●紙本墨画　布袋図　周徳筆、宗桂賛	室町	
●紙本著色　伊勢物語絵巻	鎌倉	
●紙本著色　十王経（伝敦煌出）	中国・五代～北宋	
●絹本著色　鐘馗図	中国・元	
●絹本著色　山崎架橋図	鎌倉	
●絹本墨画　達磨図	鎌倉・嘉暦元（1326）	
●紙本金地著色　源氏物語図　土佐光吉筆（光源氏手鑑）	江戸・慶長17（1612）	
●絹本著色　孔雀経曼荼羅図	鎌倉	松尾寺・久保惣記念美術館保管
●木造　胎蔵界八葉院曼荼羅刻出龕	平安	和泉市・久保惣記念美術館
●牡丹蝶鳥鏡	鎌倉	和泉市・久保惣記念美術館
●菊花双鶴鏡	鎌倉	
●蓬莱山方鏡	室町	
●唐津茶碗　銘　三宝	桃山	
●黄瀬戸　立鼓花生　銘　旅枕	桃山	
●梅花桧垣群雀鏡	鎌倉	
●響銅　水瓶	奈良	
●鵲尾形柄香炉	南北朝	
●紙本墨書　伏見天皇宸翰宝篋印陀羅尼経	鎌倉	和泉市・久保惣記念美術館
●紙本墨書　法華経　化城喩品	平安	
●箔散料紙墨書　法華経　方便品	平安	
●紙本墨書　一山一寧墨蹟（端厳空照禅師頌）	鎌倉・嘉元2（1304）	
●聖一国師墨蹟　法語（蝋牋）	鎌倉	
●大覚禅師墨蹟　上堂語	鎌倉	
●貫之集下断簡　（石山切二枚継）（「しらつゆも」）	平安	
●大字法華経薬草喩品	奈良	
●熊野懐紙　藤原範光筆（山河水鳥、旅宿理火）	鎌倉・正治2（1200）	
●槇尾山大縁起　正平十五年筆写	南北朝	施福寺・大阪市立美術館保管
●紙本墨書　如意輪陀羅尼経	奈良	松尾寺・久保惣記念美術館保管
●紙本墨書　宝篋印陀羅尼経	室町	
●修善講式残簡　覚超筆　正暦二年九月九日	平安	個人・仏並町
●画文帯神獣鏡　建武五年在銘	中国南斉・建武5（498）	和泉市・久保惣記念美術館
●池上曽根遺跡	弥生	国、大阪府、和泉市、泉大津市、個人他・和泉市池上町、泉大津市曽根町
●和泉黄金塚古墳	古墳前期	和泉市、個人・上代町、上町
●神輿	室町・文明15（1483）	聖神社・王子町

国登録文化財

名　称	時　代	所有者・所在地
佐竹ガラス	昭和	個人・幸
和泉市久保惣記念美術館茶室	昭和	和泉市・内田町
西教寺	江戸～昭和	西教寺・幸
河野家住宅	江戸～昭和	個人・内田町
和泉市久保惣記念美術館茶室庭園	昭和	和泉市・内田町

大阪府指定文化財

名　称	時　代	所有者・所在地
●松尾寺金堂	桃山	松尾寺・松尾寺町
●聖神社　末社平岡神社　本殿	桃山	聖神社・王子町
●伯太薬師堂石造五輪塔	鎌倉	町会・伯太町
●泉井上神社石造板状塔婆	室町	泉井上神社・府中町
●紙本著色　施福寺参詣曼荼羅図 (甲本)	室町	施福寺・京都国立博物館保管
●不動明王及び二童子	平安	施福寺・いずみの国歴史館保管
●松尾寺文書	鎌倉〜室町	松尾寺・久保惣記念美術館保管
●黒鳥村文書	平安〜室町	和泉市・いずみの国歴史館
●禅寂寺塔刹柱礎石	飛鳥〜白鳳	禅寂寺・阪本町
●池上曽根遺跡出土木器	弥生	大阪府・大阪府立弥生文化博物館、いずみの国歴史館保管
●松尾寺境内	(古代〜)	松尾寺・松尾寺町
●契沖養寿庵跡	江戸	個人・万町
●和泉清水	(古代〜)	泉井上神社・府中町
●丸笠山古墳	古墳	伯太神社・伯太町
●狐塚古墳	古墳	和泉市・山荘町
●薩凉寺のギンモクセイ		薩凉寺・尾井町
●松尾寺のクス		松尾寺・松尾寺町
●松尾寺のヤマモモ		
●春日神社のマキ		春日神社・春木町
●西教寺のイブキ		西教寺・幸
●若樫のサクラ		個人・若樫町

和泉市指定文化財

名　称	時　代	所有者・所在地
●郷荘神社本殿　附　天正七年上葺棟札	室町	郷荘神社・阪本町
●目塚之碑	江戸・安永5 (1776)	町会・東阪本町
●役行者像	鎌倉	松尾寺・久保惣記念美術館保管
●真言八祖像	鎌倉〜南北朝	
●仏涅槃図	江戸	養福寺・池上町
●地蔵菩薩立像	平安	施福寺・いずみの国歴史館保管
●千手観音立像	鎌倉	
●地蔵菩薩立像	鎌倉	
●慈恵大師坐像	鎌倉	
●聖徳太子立像	鎌倉〜南北朝	大泉寺・府中町
●弥勒菩薩坐像	奈良	観福寺・春木町
●大日如来坐像	平安	施福寺・いずみの国歴史館保管
●大日如来坐像	鎌倉	羅漢寺・平井町
●千手観音立像	平安	国分寺・国分町
●銅造如来立像	飛鳥	天受院・いずみの国歴史館保管
●牡丹唐草文三足香炉	中国・元	施福寺・いずみの国歴史館保管
●独鈷杵	平安末〜鎌倉初期	松尾寺・久保惣記念美術館保管
●三鈷杵	平安末〜鎌倉初期	松尾寺・久保惣記念美術館保管
●桐雪持ち笹文様唐織小袖	桃山	施福寺・いずみの国歴史館保管
●大般若経	平安中期〜鎌倉前期	森光寺・いずみの国歴史館保管
●大般若経	平安末・正平19・延宝7	羅漢寺・いずみの国歴史館保管
●横尾山経塚出土品	平安〜室町	和泉市・久保惣記念美術館
●上町遺跡出土埴輪棺	古墳	和泉市・いずみの国歴史館
●和泉市旧町村役場公文書	明治〜昭和	和泉市・いずみの国歴史館
●竹田家資料	室町〜近現代 (昭和初期)	個人・府中町
●信太の森の鏡池	(中世〜)	和泉市・王子町
●信太貝吹山古墳	古墳	和泉市・太町
●惣ヶ池遺跡	弥生	和泉市・鶴山台
●目塚古墳	古墳	和泉市・東阪本町
●葛の葉稲荷のクス		信太森神社・葛の葉町

第Ⅲ部　身近なところにある歴史

6 和泉市内の主要な年中行事

1月 元旦祭・歳旦祭（神社）、修正会（寺院）、戎祭（福瀬戎神社・泉井上神社など）、信太山クロスカントリー大会（陸上自衛隊信太山演習場）、和泉市はたちのつどい（和泉シティプラザ）

2月 節分祭・節分会・星祭（神社・寺院）、初午祭（信太森神社など）

3月 春彼岸会（寺院）

4月 花まつり（寺院）、さくらまつり（松尾寺）、大般若法要（大野町阿弥陀寺）、御会式（妙泉寺）、重源忌（西福寺）

5月

6月 青葉祭（真言宗寺院）

7月 納涼大会（町会・自治会）、夏祭（神社）

8月 夏まつり・盆踊り（町会・自治会）、盂蘭盆会・施餓鬼会（寺院）、牛神さん篝（黒鳥天満宮天神社）、戦没者供養祭・追悼式（神社・寺院・墓地など）、地蔵盆（町会・寺院）

9月 秋彼岸会（寺院）

10月 秋祭・例祭（神社）、だんじり曳行・みこし祭（各町）、御会式（日蓮宗寺院）

11月 和泉市民文化祭（和泉シティプラザ・コミュニティセンター）、七五三祭（神社）、松尾明神供厳祭（松尾寺）、報恩講（浄土真宗寺院）

12月 除夜祭・除夜会（神社・寺院）

主要な参考文献

● **和泉市史編さん委員会　編**

『和泉市の歴史1　横山と槇尾山の歴史』（2005年）、『和泉市の歴史2　松尾谷の歴史と松尾寺』（2008年）、『和泉市の歴史3　池田谷の歴史と開発』（2011年）、『和泉市の歴史4　信太山地域の歴史と生活』（2015年）、『和泉市の歴史5　府中地域の歴史と生活』（2024年）、『和泉市の歴史6　和泉市の考古・古代・中世』（2013年）、『和泉市の歴史7　和泉市の近世』（2018年）、『和泉市の歴史8　和泉市の近現代』（2021年）、『和泉市史紀要第6集　槇尾山施福寺の歴史的総合調査研究』（2001年）、『和泉市史紀要第13集　松尾谷史料群の調査研究－中世から近現代まで－』（2007年）、『和泉市史紀要第22集　和泉市考古学調査報告書Ⅰ』（2016年）

● **和泉市いずみの国歴史館　発行**

『和泉市いずみの国歴史館令和4年度企画展図録　イチオシ！2』（2022年）

● **和泉市教育委員会　編**

『史跡池上曽根遺跡保存整備事業報告書　別冊　よみがえるいずみの高殿』（2001年）

● **大阪府立弥生文化博物館・和泉市教育委員会・泉大津市教育委員会　編**

『繁栄の池上曽根遺跡　令和3年度春夏季企画展　拠点集落としての姿』（2021年）

● **和泉市PTA協議会文化委員会　編**

『和泉市PTA文庫　第3集　市内の古寺』（1981年）、『和泉市PTA文庫　第4集　市内の神社と祭り』（1982年）、『和泉市PTA文庫　第5集　市内の年中行事』（1984年）

● **和泉市ふるさとをみつめる会　編**

『和泉市風土記（一）』（1982年）、『和泉市風土記（二）』（1986年）

● **その他**

中塚喬清『信太郷土史』（1987年）

森田玲　『日本だんじり文化論』（創元社、2021年）

協力一覧（五十音順・敬称略）

個人

池辺覚　板村隆史　上田格　置田久二　川島三夫　小林美保　菅野昌人　高橋昭雄　髙橋大輔
竹田辰男　辻村桂次　中辻秀夫　仲野融　藤井正太　米田桂二

団体

阿弥陀寺（大野町）　いい種　泉井上神社　泉大津市教育委員会　和泉市環境産業部産業振興室　和泉市教育委員会教育・こども部学校教育室　和泉市教育委員会生涯学習部生涯学習推進室　和泉市市長公室広報・協働推進室　和泉市上下水道部浄水課　和泉市久保惣記念美術館　和泉市立人権文化センター　大阪産業技術研究所和泉センター　大阪府教育委員会　大阪府文化財センター　大阪歴史博物館　男乃宇刀神社　春日神社（春木町）　株式会社修美　観福寺　京都国立博物館　熊野本宮大社　黒鳥第一町会　郷荘神社　弘法寺　光明池土地改良区　国分寺　西教寺　西福寺（桑原町）　堺市博物館　堺市文化観光局文化部文化財課　佐竹ガラス株式会社　信太森神社　森光寺　施福寺　禅寂寺　泉州織物工業協同組合　谷上社寺工業株式会社　中仙寺　長楽寺　TRC和泉図書館　天受院檀家惣代　東京国立博物館　名古屋大学人文学研究科附属人類文化遺産テクスト学研究センター　奈良文化財研究所　日本人造真珠硝子細貨工業組合　東阪本町内会　聖神社　不審菴　文化財建造物保存技術協会　松尾寺　南横山笹踊り保存会　南横山小学校　明王院　妙泉寺　妙楽寺　桃山学院史料室　有限会社川面美術研究所　羅漢寺　令和阪本町地車修理実行委員会

むすび

　令和6年（2024）現在、日本国には47の都道府県、23の特別区、792の市、743の町、189の村があります。各地の自治体では、それぞれに特徴ある文化財が大切に残されています。しかし、はるか先史時代から古代・中世・近世・近代・現代までのあらゆる時代の文化財が、すべての自治体に残されている訳ではありません。なぜなら有形・無形の文化財は、自然災害や人間の活動によって、簡単に失われてしまうからです。

　それでは、わたしたちの和泉市ではどうでしょうか。わたしたちの足元には、縄文時代や弥生時代の遺跡が眠っています。住宅地の間には、樹木を茂らせた古墳時代のお墓が残されています。そして、飛鳥時代に起源をもつお寺、奈良時代の国衙の記憶、平安時代から踏みしめられた街道、鎌倉時代に現れた地名、室町時代に栄えた寺院、江戸時代から使われる建物、明治時代に創立した学校、大正時代に発展した産業、昭和時代から平成時代に造られたニュータウン…。

　このように和泉市では、あらゆる時代の文化財が身近なところに残されています。そのすべては、この和泉の地で幾世代もの人びとが生きていたことの証拠であり、後に続く人びとが弛みない努力と情熱をかけて守り抜いてきた宝物です。このような文化財をどのように守り伝えるかは、今に生きる市民一人ひとりの意思に委ねられています。

編集者より

これからも
よろしくね！

＼こがねちゃんと出かけよう！／
いずみ
歴史さんぽ
第二版

発行日：初　版　令和4年12月23日
　　　　第二版　令和6年　9月30日
編　集：和泉市教育委員会　生涯学習部　文化遺産活用課
　　　　〒594-8501　和泉市府中町二丁目7番5号
電　話：0725-99-8163（直通）　ファックス：0725-41-0599
Eメール：bunshin@city.osaka-izumi.lg.jp
発　行：和泉市教育委員会
発　売：株式会社　ぎょうせい
　　　　東京都江東区新木場1-18-11（〒136-8575）
　　　　フリーコール　0120-953-431

＊乱丁、落丁はおとりかえします。
ISBN978-4-324-80147-5　©2024 Printed in Japan
（5300351-00-000）
〔略号：いずみ歴史さんぽ　第二版〕